公·共·管·理·书·系

DANGDAI ZHONGGUO CHENGSHI SHEQU ZHILI

当代中国
城市社区治理

刘娴静 著

知识产权出版社
全国百佳图书出版单位

图书在版编目（CIP）数据

当代中国城市社区治理/刘娴静著. —北京：知识产权出版社，2019.9
ISBN 978-7-5130-6064-6

Ⅰ.①当… Ⅱ.①刘… Ⅲ.①城市—社区管理—研究—中国 Ⅳ.①D669.3

中国版本图书馆 CIP 数据核字（2019）第 201188 号

责任编辑：贺小霞　　**责任校对**：潘凤越
封面设计：刘　伟　　**责任印制**：孙婷婷

当代中国城市社区治理

刘娴静　著

出版发行：知识产权出版社有限责任公司	**网　　址**：http：//www.ipph.cn
社　　址：北京市海淀区气象路 50 号院	**邮　　编**：100081
责编电话：010-82000860 转 8129	**责编邮箱**：2006HeXiaoXia@sina.com
发行电话：010-82000860 转 8101/8102	**发行传真**：010-82000893/82005070/82000270
印　　刷：北京虎彩文化传播有限公司	**经　　销**：各大网上书店、新华书店及相关专业书店
开　　本：787mm×1092mm　1/16	**印　　张**：10
版　　次：2019 年 9 月第 1 版	**印　　次**：2019 年 9 月第 1 次印刷
字　　数：120 千字	**定　　价**：58.00 元

ISBN 978-7-5130-6064-6

自　序

本书是一部从组织和权力系统深入研究大城市社区治理的学术著作。该书以武汉的社区治理为研究对象，考察了武汉城市社区的沿革和20世纪80年代以来武汉城市社区的快速变迁，分析了当代处于转型中的武汉社区治理的现状和社区组织与权力的结构，描述了社区治理形态变迁过程中社区组织和权力展演的过程，探讨了当代中国城市社区治理中的组织与权力运行机制若干问题。

本书主要从三个方面入手：首先，探索中国政治建设在实践中的路径，巩固国家的基层政权。社区已成为中国政治建设发展的战略和发展空间。它主要基于两个方面：一方面，社区已成为中国社会结构的最基本单位，其作为社会的最基层，可以展开有效的民主实践。另一方面，社区的功能和作用也在不断扩大和深化，其发展可以使基层民主的发展得到有力的扩展和壮大。事实上，中国的民主增长应该是一个不断进步的渐进过程。在促进民主增长的过程中，不仅需要高层次的民主政治建设，还需要基层民主政治建设的推动和促进，同时需要基层民主政治的发展建设，基层政治民主的增长更具战略性。因此，研究社区空间对于当今中国的民主政治建设和发展，不仅具有深远的政治意义，而且还具有深刻的社会意义。

其次，为政治学科的发展和研究提供一些理论参考，同时有利于不断拓展社区研究的界限和范围。研究城市社区，进而从政治学的角度研究城市社区治理，将城市社区与政治联系起来，可以探讨社区治理在国家政治结构中具有的地位和体现的影响。可以预见，随着中国现代民主政治的发展，城市社区作为社区人民最基本的政治活动领域的地位将变得越来越重要。

最后，在国家城市建设的70年中，国家的力量通过组织和机构渗透到城市社区。城市社区的内部结构发生了巨大变化。这种变化与宏观的国家社会转型相互作用，社区与更广泛的权力系统之间的权力关系更加复杂。改变当前社区空间中多个权力组织之间的角色冲突和功能混淆的状态；界定或明晰代表社区内外政府、社会和居民的不同权力实体的性质和功能；构建和维护具有不同性质和功能的社区多样性权力主体之间关系的协调和有效运作是我研究的方向。

作为华中师范大学城市社区建设研究中心和武汉市江汉区政府联合课题组成员之一，我参与了个案社区治理全过程，经历、观摩了全程序阶段，调研收集了大量的材料，得到了许多实践感观，对社区以及社区的组织与权力有了更进一步的认识。2015年以来又多次进入长堤社区，收集到大量弥足珍贵的文献和口述资料。近年来社区实地调研结果的分析相比于以前我获得的感受已有了很大的改变，这引起我对中国城市基层政治更浓厚的兴趣，长堤社区正是作为城市政治社会的基本细胞进入我的视野。

刘娴静

2019年6月于北京

目录

导　论

一、研究的缘由、问题及意义

城市作为国家经济、政治和文化中心，是现代化文明的载体。城市发展对社会的发展具有全方位的意义，其发育必然要求对城市社会进行有效的治理。[1] 1980 年以来，城市现代化建设的步伐逐步加快，这一现象的出现导致传统城市管理体制的效用发挥受到限制，甚至表现为同现代城市经济社会的发展不相适应。之所以会出现这一问题，可以说是多方面原因所导致的。具体来讲主要包括以下几个方面，其一为“单位体制”逐步消失和解体，其二为政府职能实现了一定的转变，其三为结构分化以及体制转轨现象的产生使得社会矛盾逐步集聚，这些原因在某种程度上加重了社会治安的任务。

---

[1] 本书所使用的“治理”一词是一个政治概念，主要指统治者或管理者通过公共权力的配置和运作，管理公共事务，以支配、影响和调控社会。俞可平．治理与善治［M］．北京：社会科学文献出版社，2000：引论。

1990 年以来，封闭“单位制”[1] 社会的解体，再加上城市经济改革的不断发展和推进，使得单一行政管理模式的发展空间逐步变小。与此同时，同封闭“单位制”社会相对应存在的开放性“社区制”[2]社会得到了长足的发展和建设，而这一开放性“社区制”社会模式的产生和出现要求建立相应的完善的城市基层管理体制。从国家层面来讲，国家对这一问题非常重视，中央高层领导针对这一问题在多次讲话中强调要不断建立起完善的城市基层管理体制，进而不断加强对社区的建设和发展。中共中央、国务院于 2017 年 6 月 12 日印发并实施的《关于加强和完善城乡社区治理的意见》第一次以党和国家联合发文的形式提出“深入贯彻习近平总书记系列重要讲话精神和治国理政新理念新思想新战略，紧紧围绕统筹推进‘五位一体’总体布局和协调推进‘四个全面’战略布局，坚持以基层党组织建设为关键、政府治理为主导、居民需求为导向、改革创新为动力，健全体系、整合资源、增强能力，完善城乡社区治理体制，努力把城乡社区建设成为和谐有序、绿色文明、创新包容、共建共享的幸福家园，为实现‘两个一百年’奋斗目标和中华民族伟大复兴的中国梦提供可靠保证”，确定了城市基层管理体制改革的目标导向。2017 年 10 月 18 日，中共十九大报告也明确要求：“加强社区治

---

[1] “单位制”是指这样一种组织结构，即大多数社会成员被组织到一个个具体的“单位组织”中，由这种单位组织给予他们社会行为的权利、身份和合法性，满足他们的各种要求，代表和维护他们的权益，控制他们的行为。李路路，李汉林，王奋宇．中国的单位现象与体制改革［J］．中国社会科学季刊（香港），1994（1）。

[2] “社区制”是指在社区工作中居民之间的深入互动，居民和社区组织的切实联系，以及社区成员对有关公共事务的参与。这种联系和参与逐渐定型化，即形成为我们所说的“社区制”。项飚，宋秀卿．社区建设和我国城市社区的重构［J］．战略与管理，1997（6）。

理体系建设，推动社会重心向基层下移，发挥社会组织作用，实现政府治理和社会调节、居民自治良性互动。”❶ 正是基于这一研究背景，笔者对中国城市基层政治有非常浓厚的兴趣；同时，笔者还注意到在进行研究的过程中应实现对政策性研究和纯理论研究这一局限的突破，强化实证研究，通过开展相应的实地调研，为这一主题的研究提供第一手的翔实资料，笔者认为通过对这一问题进行更加深入的研究将会为我国城市基层社区治理提供良好的发展思路。

1. 现实问题

1980年以来，“社区”这一概念再次成为上到国家下到每一个社会公民所关注和讨论的问题和话题，同时也引起了学界的极大关注与研究讨论，社区治理已然成为新时期城市基层社会治理的重点和重心，从某种意义上来讲甚至是城市基层管理体制改革方向的主导话语。❷ 之所以会产生这一现象，其中一个最为主要的原因在于社区是经济社会发展和城市基层治理过程中所产生问题的集聚点和最佳体现点；同时，社区作为城市最基本的治理单元，再加上城市社区的质量成效直接关系到人民群众的日常生产生活，种种原因使得“社区治理”成为新时期城市基层治理工作的重中之重。通过研究发现，在城市化进程不断推进的过程中所产生的城市基层治理问题主要表现为如下四个方面：

（1）随着改革开放事业的不断推进，我国逐步由计划经济体制

---

❶ 习近平．决胜全面建成小康社会　夺取新时代中国特色社会主义伟大胜利——在中国共产党第十九次全国代表大会上的报告单行本［M］．北京：人民出版社，2017：29。

❷ 所谓“话语”指的是一个社会组织根据某些成规以将其意义传播确立于社会中，并为其他组织所认识、交会的过程。

向市场经济体制转变，这一转变带来了诸多方面的转变和变化，具体来讲主要表现为上下级单位之间的关联程度逐步降低，一些社会保障功能不再由相应的企业提供，相反的是将这一社会保障功能归到社会之中去，“企业办社会”的状况得到一定的改变。此时，职工也面临着寻找新的服务与保障承载者的问题。同时，随着市场经济的不断发展，市场竞争也越来越激烈，再加上国有企业的逐步改革，社会中的事业人员和下岗人员逐步增多，这会在很大程度上加大社会治安的压力。

（2）城市化进程的逐步推进，从“推拉理论”来看这一问题，此时，城市的拉力逐步增大，正是拉力的增大，使得我国农村的推力也同步增大，这将导致农村人口大量涌向城市，使得城市人口急剧增加。当农村人口进入到城市之后，因缺乏一定的城市生活经验，同时又没有稳定的工作和固定的住所，以及后续的子女教育及医疗等诸多问题的存在，使得原本复杂的城市社会治理工作变得更加复杂。此外，随着市场经济的快速发展与推进，个体、私营从业人员也逐步增加，这些现象的存在都为社会治理工作带来了新的挑战。

（3）随着社会主义市场经济和政治的发展，当前社会的主要矛盾也有了一定程度的变化，人们已经从原来的温饱需求逐步向多元化的需求转变，人们更加注重生活质量的提升，对于休闲娱乐的需求大大增加。同时，人们对于居住环境和社会服务也提出了新的要求和期待，这些现象的产生和存在使得城市基层社会治理工作也需要不断实现创新发展。

（4）随着城市化进程的不断加快，城市规模的不断扩大，需要对一些城市旧区进行相应的改造和规划，就会建设新的社区，在这一过程中就会产生诸如安置居民搬迁等一系列问题以及与之相关的一系列纠纷，这同样为城市基层社会治理工作提出了新的要求，也带来了一定的治理难题。

在对以上问题进行研究的基础上，通过一定的梳理和探讨会发现理论界和实务界对于这些问题的解决大致形成了两种解决思路。第一种思路强调要加强基层政权的建设，逐步实现对城市管理权力的下放，实现政府权力在社区治理中良好高效的运用和整合。第二种思路强调要加强社区共同体的建设和发展，在开展相应的社区治理过程中应加强对社区居民力量的发挥和重视，强调社区治理的自主性。简言之，这两种不同的思路和立场可以归纳为“行政化”同“社会化”两者之间的一种争论和探讨。[1]

2. 研究的问题

研究的问题可以说是整个研究最为重要的也最为关键的部分，研究的出发点是为了解决相应的问题，以问题为导向也是展开研究的正确思路和方法。具体来讲本文所要研究的主要问题主要包括如下几个方面：

（1）我国在进行基层社会治理过程中，尤其是对社区进行治理的过程中是如何实现将国家权力同社区治理工作进行良好整合；同时，在这一整合与渗透的过程中我国城市社区内部结构发生了何种变动，紧接着的一个问题就是这一变动同国家治理模式变革之间的影响又是如何体现的。

（2）基于宏观社会发展这一背景，不同的组织主体如何在社区

[1] 徐中振．社区行政框架设计构想［J］．公共行政与人力资源，1997（5）．

这一场域中行使自己的权力，基层民众如何维护自身合法权益，同时“权力主体”与“权利主体”究竟如何互动，这些问题同样构成了我国基层社会治理进程中的重要方面和部分。

（3）通过研究发现，在基层社区治理过程中往往存在着多种不同类型的权力组织，那么如何实现不同类型社区权力的协调和整合，就是一个非常重要的问题。同时，在社区治理过程中治理的主导力量是什么，这一问题也值得展开研究和探讨。此外，在这一转型发展的过程中如何保持秩序稳定与公共安全，这一问题也是非常重要的。正如前文所讲，社区治理中社区居民如何良好地发挥自身的作用，如何真正保障社区居民参与社区治理的权利等。对这些问题的研究和探讨，将更好地把握我国基层社区治理的发展建设主线。

（4）在基层社区治理进程中存在着多元的治理力量，那么如何实现对不同治理主体和治理力量之间职能定位的清晰界定，并良好实现对他们相互之间关系的协调与梳理，是摆在我们面前的关键问题。而这也是本研究所要重点解决的问题。

3. 选题的意义

通过对城市社区治理历史和现状的分析总结可知，在整个基层社区治理中最为关键和重要的两个要素即为“权力”和“组织”，这两个要素实现了对社区治理资源的调动和整合，其对于社区治理成效起着决定性的作用，需要予以高度的重视。同时，这也是本书所要重点研究和探讨的问题，那就是探讨和研究“权力与组织”的具体架构对于社区治理的作用和功能影响。通过对这一关键问题或者说是核心问题进行把握和解读，以此来实现对国家、城市以及社区三者之间关系的梳理和掌握。

从政治学的角度来看，对于一个民族国家来说其任务主要包括：一是政权基础的巩固；二是政权体系的完善；三是政治生活的优化。[1] 随着改革开放的不断推进和发展，再加上社会主义市场经济的快速发展，使宏观层面（国家）、中观层面（社会）与微观层面（个体）等不同权力（权利）主体之间的关系发生了深刻变革。基于这一发展背景，相应的传统意义上的以单位组织为主体的社会结构也开始发生一定的变化，个体化的社会生活模式逐渐取代了组织化的社会生活模式，这一转变使得个人的自我发展空间获得了更大的延伸和扩展。而为我们所熟知的就是个体的最终归宿在于社区之中，因此，社区建设成为了整个系统性工作中的核心与关键部分，国家也必须认识到和重视社区在整个社会调控、整合与沟通中的重要作用。因此，从某种意义上来讲社区发展建设逐渐成为国家政治建设过程中的新的战略空间和重要层面。[2]

社区对于中国的政治建设发展居于一种新的战略性空间的地位，之所以这么讲，主要可以从如下两个方面来把握。一方面随着中国城市化进程的逐步推进，社区已经逐步改变中国社会结构的基础，基层民主实践与社区建设是相辅相成、相向而行的关系。另一方面社区的功能和作用不断实现了多元化的发展，其重要性日益凸显。通过文献分析发现当前对于我国民主化路径仍然没有达成共识，主流观点包括两种：高层民主是一种“自上而下”的

---

[1] 林尚立. 社区民主与治理：案例研究［M］. 上海：复旦大学出版社，2003：312.

[2] 林尚立. 社区民主与治理：案例研究［M］. 上海：复旦大学出版社，2003：314.

发展建设模式；基层民主是一种“自下而上”的发展建设模式。通过进一步研究发现中国民主成长和发展的过程是一种渐进式的推进过程，在这一渐进式的发展进程中需要实现高层民主与基层民主的融合发展，在融合发展的过程中也应更加注重对基层民主作用的发挥，遵循这一发展思路，将会极大地促进我国民主的发展建设。

正如前文所述，本研究的重点问题或者说关键问题是对城市社区治理过程中的“权力与组织”这两个基本要素的探讨。社区这一概念发端于西方国家，被引入我国后，主要被当作社会学的概念加以运用，社会学对于社区这一概念的研究也仅仅局限于社区制度的安排等层面，并未展开更为深入的研究和探讨。从政治学角度深入剖析基层社会治理过程中的“权力与组织”这两个基本要素，具有非常重要的意义和价值，将社区治理同政治联系起来，为社区治理提供新的发展路径，这也是本研究的一个创新点。因此，从某种意义上来讲本研究不是简单从社会学或者政治学角度的探讨，而是在实现把社会学和政治学进行整合和有机结合的基础上来进行新的研究和探讨，简言之即为实现社区治理与政治的有机结合。

二、已有研究和理论的检视

对于学术观点和理论的研究，往往需要站在前人的肩膀上进行更深层次的挖掘。在已有的中外城市社区治理的文献中，对组织与权力虽有涉及，但比较集中地进行专题研究的尚不多见。但是“不管最终关注的焦点是什么，对城市的正确理解都需要跨学科的研究”。[1] 因此，这可能是政治学、社会学乃至政治社会学研究中的一个新的视点。对已有的、与本书主题研究密切相关的有影响的文献进行研究，可能有助于本书将研究进一步深化。

1. 已有的研究

对城市社区组织与权力的研究起源于西方。20 世纪二三十年代，美国纽约的社会学家罗伯特 · 林德和海伦 · 林德夫妇（Robert S. Lynd, and Helen M. Lynd）对门奇市（Monice）——位于美国印第安纳州境内的一个被林德称为“中镇”（Middletown）的普通小城市——进行长达 18 个月的实地调查。林德夫妇以这个约 3.8 万人的美国社区为特定对象，用定性与定量相结合的方法，对这一特定社区的变迁进行动态的综合研究。他们在亲自参与地方生活的基础上，进行大量的整理历史文献、编纂统计资料、访谈、问卷调查等研究工作，详细地记录了中镇人的主要谋生手段、住房与家庭、子女教育、闲暇时间的利用、宗教生活、参与社区活动等众多方面的生活及其变迁，并分析了中镇这一社区生活的特点及其变化的原因。1929 年，他们研究的名著《中镇——当代美国文化研究》（*Middletown—a Study in Contemporary American Culture*）出版。在此书中，他们对这个社区内居民的日常生活和各种社会活动进行了详细的客观描述，并且解释了社区生活各个部分之间的相互关系。几年后，林德夫妇又重返中镇继续研究，并于 1937 年出版了《转变中的中

---

[1] Knox. P. L. Urban social Geography [M]. 2nd ed. New York: John Wiley and Sons, Inc, 1983.

镇——对文化冲突的研究》（*Middletown in Transition—a Study in Cultural Conflicts* ）一书，分析了当时美国经济危机对该社区的影响，发现美国经济大萧条使得某个家庭垄断了全社区的经济命脉，从而控制了整个社区。林德夫妇对中镇社区中权力不平等分配的描述引发了社区权力研究。

继林德夫妇之后，美国社会学家威廉·怀特（William F. White）从1937年至1940年对位于波士顿北面的意大利人聚居的贫民区进行了实地考察研究，他置身于“街角帮”的环境与活动中，对闲荡于马路街边的意大利裔青年的生活状况、群体组织结构、活动方式以及与社区内正式和非正式组织的关系进行了仔细观察并及时记录和分析，于1943年出版了他的社区实证研究著作《街角社会：一个意大利人贫民区的社会结构》（*Street – Corner Society：the Social Structure of an Italian Slum*）一书。书中对这个意大利人社区高度的凝聚力和组织性作了深入的分析。

“二战”以后，社区权力研究得到进一步发展，成为社会学和政治学研究的热点和焦点并形成社区权力研究的两大阵营：精英论和多元论。

1953年，作为精英论领军人物的美国社会学弗洛伊德·亨特（Floyed Hunter）出版了《社区权力结构：决策者研究》（*Community Power Structure：A Study of Policy makers*）一书。该书以亚特兰大为研究对象，运用“声望法”调查分析了该社区的权力结构。亨特得出两大结论：一是亚特兰大的权力结构由两部分——政策制定者和政策执行者构成；二是公众只是政策的接受者。精英论的另一代表人物米尔斯（W. Mills）则在其名著《权力精英》（*Power elite*）一书中，运用“职位法”第一次提出了主要的经济、政治、社会、军事群体领袖的统治阶级，控制着对于他们作为一个阶级来讲所有重要事务的国家决策过程的观点。

与精英论者观点不同的是多元论者达尔（Robert A. Dahl）以及他的两个研究助手波尔斯比（N. Polsby）和沃芬格（R. Wolfinger）。1961年，达尔出版了《谁统治：美国城市中的民主与权力》（*Who Rules: Democracy and Power in American Cities*）一书，该书运用"决策法"，以纽黑文市为研究对象，对城市建设、政治任命和公共教育政策这三个对于地方政府来讲最重要领域的决策进行了分析。据此达尔认为美国城市社区内部并不存在单一的权力结构，而是存在着多头民主。波尔斯比的《社区权力和政治理论》（*Community Power and Political Theory*）、沃芬格的《声望与社区权力研究中的现实》（*Prestige and the Reality of Community Power Research*）也得出类似的结论。

20世纪70年代末80年代初，随着马克思主义进入这一领域，西方的社区权力研究开始关注社区外的组织，如联邦政府或大型企业等对社区权力的重要影响。由此产生了社区政策、社区权力演进和非精英的社区权力等方面的非主流研究。[1]

在中国，对城市社区组织与权力的研究始于20世纪20年代末30年代初，研究初期仅是对中国城市社区组织进行的调查。这一时期的代表人物是吴景超、史国衡、田汝康、汪龙等，他们调查研究的重点是城市社区组织的内部结构。

20世纪中期，即1949年至1979年，由于多种原因，城市社区

---

[1] 朱健刚．国家权力与街区空间——当代中国街区权力研究导论（上）[J]．中国社会科学季刊（香港），1999（26）：176.

研究中断。直到1979年，由于社会学本土化的倡导，城市社区研究才得以复兴。80年代后，中国学者们多从理论的角度对城市社区组织与权力进行研究，有影响的著作有台湾地区学者唐学斌的《社区组织与社区发展》(1989)、徐震的《社区与社区发展》(1980)、蔡宏进的《社区原理》(1994)，大陆学者何肇发主编的《社区概论》(1991)、王振海及王存慧的《新视角下的政治——关于社区政治发展的专题研究》(1995)、唐忠新的《中国城市社区建设概论》(2000)。专门论述社区组织的有王振耀、白益华主编的《街道工作与居委会建设》(1996)。在这些著作中学者们仅在相关章节中论及社区组织与权力。

进入21世纪，中国城市社区组织与权力的研究注重对现实问题的研究探讨，并使之系统化、理论化。实证研究的著作有：杨建荣、朱健刚主编的《五里桥：一个发展中的城市新型社区 》(1999)；林尚立、马伊里等主编的《社区组织与居委会建设：上海浦东新区研究报告》(2000)；戴星翼、何慧琴著的《社区发育与社区生活：上海卢湾区龙柏街道研究报告》(2000)；顾骏等人著的《社区调解与社会稳定：上海卢湾区五里桥街道研究报告》(2001)；雷洁琼主编的《转型中的城市基层社区组织——北京市基层社区组织与社区发展研究》(2001)；林尚立主编的《社区民主与治理：案例研究》(2003)。理论研究的著作有：徐勇、陈伟东等著的《中国城市社区自治》(2002)；魏娜著的《社区组织与社区发展》(2003)；王振海主编的《居委会与社区治理——城市社区居委会组织研究》(2003)；尹维真著的《中国城市基层管理体制创新——以武汉市江汉区社区建设实验为例》(2002)；陈伟东著的《社区自治——自组织网络与制度设置》(2004)；潘小娟著的《中国基层社会重构——

社区治理研究》(2004);张永理著的《城市社区治理》(2016);张海冰、蔡小慎著的《我国城市社区治理模式创新研究》(2016);邱梦华、秦莉、李晗著的《城市社区治理》(2013);孙小逸著的《城市社区治理:上海的经验》(2018);袁方成著的《国家治理与社会成长——中国城市社区治理40年》(2018);陶元浩著的《社区兴衰与国家治理》(2018);王杰秀编的《中国社区治理创新》(2018);李骏、张友庭等著的《超大城市的社区治理:上海探索与实践》(2019);原珂著的《中国特大城市社区治理——基于北上广深津的调查》(2019)。

通过以上回顾,可看出中外城市社区组织与权力研究有以下几个典型特征:西方把社区权力或者社区组织作为独立的研究对象,忽视超社区的组织对社区组织与权力结构的影响;主要关注社区权力结构,对权力与组织的历史考察以及国家、城市、社区三者之间的互动研究明显不足。中国理论研究和实证研究中,大都把街道界定为社区;在学者们的论著中只是部分章节论及社区组织与权力,没有对城市社区组织与权力的微观经验研究展开论述。

2. 主要理论解释模式及其批评

在中西方城市社区的研究中,权力与组织一直是人们关注和研究的一个焦点。就国家政治体系而言,既有以国家权力为后盾的政治组织,也有以社会权力为源泉的社会组织。它们各自通过自己特有的方式影响国家的政治决策和政治生活。优良的政治运行机制必然是国家权力与社会权力的平衡。然而,人们对此并没有一致的认识。不同的人们及不同的理论模式或解释模式对中国城市社区组织与权力作出不尽相同的解释。概括论之，可以把目前学术界的研究分为以下几种理论解释。

国家与社会理论。在有关中国城市社区组织与权力的探讨中，无论是强调国家对中国社会变革起主导作用的国家中心主义范式还是强调社会和经济行动者所扮演的积极角度的新制度主义范式对中国社会只是作应然性判断，这些判断仅仅从宏观历史着眼，缺乏对当代中国国家与社会关系的微观层面的描述，而在城市社区组织行动和社区权力运作过程中，国家与社会的界限并非那么清晰，在各种事件及行动中而且依稀可见的是各种不同的行动主体：市、区、街道办事处、社区居委会成员（包括社区党支部成员）、各级派出机构、社区内的单位以及居民的利益组织。它们从不同的利益和不同的价值观出发，对此进行评述解说以及亲自参与实践，有时也在某种程度上影响着整个进程。这样，社区就构成了一个各个权力主体的“角力场”。各种力量在其中竞争、冲突、斗争，结果却偏离任何一个集团的预想和构想，并使得原来不太清晰的国家与社会框架变得更加模糊不清和界定不清。

基层政权建设理论。该理论强调城市管理权力的分散化、碎片化和政府权力在社区中的整合和聚力。研究人员认为，中国基层社会功能失调的根本原因在于“街道—社区”系统缺乏行政能力一体化，主要原因是：其一，条块冲突，街道办事处无权管理“条”这一层面的事务，区域职能部门没有全面的协调力来解决这一层面的问题，这在某种程度上对于街区政府组织的整体行政能力是一种弱化和削减。其二，素质有待提升。街道办事处的人员配置、政治和经济能力以及干部素养难以与所负责的职能职位相匹配，社区居委会成员的学历、视野、能力和效率等问题更加突出。因此，这些研究人员提出应分散城市管理权力，扩大基层政府权力和权限，进一步加强街道和居民组织的地位，甚至将街道办事处转变为基层一级政府，使之可以从原本主要负责社区居民的民政职能转向负责整个社区的综合社会管理职能。

社区制度理论。社区制理论关注社区共同体的形式，其主要强调两个层面的问题，其一为社会动员，其二为居民参与社区自治。具有这一理论的研究人员倾向于设计运营政策，但其中大多数都采用国家与社会理论作为假设前提和分析的基础，因此他们的研究结果被称为“社区制理论”。针对社区社会治理存在的问题，他们认为问题的根源在于忽视了社区居民的唤醒和动员。此外，由于政府综合公共事务太多，导致行政效率低下，不利于社区的发展和发育。基于此，他们提出：其一，适应“小政府，大社会；弱政府，强社会”这一改革趋势，将政府权力转移到社会；其二，要想实现促进社区互动的效果，进而实现社区动员的目的，就需要通过社区工作的开展来支持和实现；其三，政府的社区服务向居民提供的单向服务转移到政府与居民之间的双向互动服务，营造社区和谐氛围，促进社区发育发展；其四，培养社区中介组织和市场组织，让社会自我管理。与街道权力的扩张相对应，这种观点的极端在于政府对社区事务的干预尽可能小。

上述这些有代表性的分析从不同角度对城市社区组织与权力结构的特点进行了概括，为后续的分析和研究给予诸多的启示。但是，我们也不能不看到，不少理论的解释性依然有其特定的时效和适用范围，基层政权建设理论强调行政化和政治化的倾向，一方面，由于对街居生活的历史进程和发展趋势缺乏深入而详细的了解和有力的解说，实际应用色彩强烈而浓厚，缺乏客观和长远的思维和视野；

另一方面，由于社会经济转型过程中忽视了市场组织和社会自组织的力量和资源，因此，我们找不到更丰富的资源来促进社区发展。社区制度理论强调社区的自我管理、自我监督、自我教育、自我服务功能。它提出了解决社区重大行政压力问题的思想，并适应社区制培育发展建设的初衷。它的愿景相对广泛，其政策思路更适合社区发展的多元化趋势。但是，他们的对策往往缺乏实践中的主体。换句话说，社区制研究的理论和对策是矛盾的、反方向的。从理论上讲，它主张政府行政权力的弱化和消失，但在实践中它却以政府为预设的推动主体和权力依附。

整体来看，上述几种理论只能看作有限度的、有其自身适用范围的解释模式，尚未对社区组织与权力结构作出深入的描述与分析。从各种不同的理论视野及不同的理性关怀所得出的研究成果，或是纯理论的推论而缺乏实证考察，或者是在进行其他问题的实证研究中简单地论及过社区组织与权力问题，而没有将城市社区组织与权力结构问题作为一个专门的领域来进行全面系统的实证研究。因此，我们仍然需要多元化的解释来进一步揭示社区组织与权力结构的真相。

三、理论结构

不论是在何种研究之中，基本理论框架必须由七个要素构成和组成，具体来讲主要包括诸如基本假设、概念、现象范围、具体理论、问题、测试方法和价值观等。[1]

---

[1] ［美］A. 斯齐曼斯基，等．社会学：阶级、意识和矛盾［J］．国外社会科学动态，1981（4）：41－46.

1. 基本假设

假设是“试验性的初步断言”。[1] 在开展一项研究的时候，基本假设往往处于研究起点和基本前提这一地位，起着演绎推理的作用。具体来讲，本书中提出的理论假设是：

（1）社区治理是指政府与社区组织、社区公民和其他不同实体之间在某一地区开展的活动之间的关系。它具体表现为各种治理实体在管理其共同事务的过程中所形成的多种方式的总和，其所要实现的目标具体来讲主要表现为通过进行一定的协调工作，从而使得相互冲突的不同利益之间的关系趋于缓和，进而实现一种可持续发展的状态。

（2）通过研究发现，城市社区当中往往存在着多元的权力结构，城市化进程中一系列制度变迁催生了新型社区治理实体，主要是管理制度和经济社会制度的变迁。这一变化宣告了一个单一的全能主体的进一步削弱甚至消失。但是，通过研究发现权力主体组织长期以来所形成的原始利益结构并未发生实质性的变化和改变，社区治理体系的主导权仍然掌握在管理权威的手中；虽然新的组织权威处于一定的弱势地位，但是从性质上来讲其往往代表着一种法律意义上的社区治理组织。新的治理组织仍然在社区权力和社区管理的分配中起着重要的作用，也占据着重要的位置；而传统的组织代表了政府在社会中的行政控制权，而新的治理组织代表了政府在社会事务中的领导地位，拥有巨大的法律权威，成为城市社区治理过程中

[1] ［美］唐·埃思里奇．应用经济学研究方法论［M］．北京：经济科学出版社，1998：1490.

最为主要的治理机构。

（3）通过研究发现对资源占有的不平衡导致了不同性质的社区组织权力主体相互之间往往发生一定的利益冲突；治理不善往往归因于治理主体相互之间未能够形成良性的互动；通过进一步的研究发现要想实现社区善治的目标，需要从如下几个方面采取措施，展开相应的工作，首先，应通过法理的形式，从法律层面对社区治理主体所享有的权力地位和所具有的职能进行一个明确的界定和规定，这将有利于明确职责，更加有利于社区治理工作的开展和推进。其次，应注重对不同社区治理主体相互之间资源配置的均衡和平衡。最后，应不断加强宣传和教育，让社区居民树立起一种现代社区的意识、公众意识，不断推进民主化教育，通过多方面的努力，进而实现社区善治。

2. 概念

具体来讲，“概念”是指“思考一个或多个关系的逻辑结构”。[1]人们往往将这个概念作为论证的基本单位。

在本文的分析和研究中主要使用的概念工具包括但不限于以下几个方面：组织、权力、网络、机制、资源、精英以及治理等。

组织是城市社区内的主要行动单位，组织化的力量是社区内精英参与公共权力分配的主要因素。它主要是指在一定的制度化权力体系中，具有一定目标的较为稳定的人群集合，它既可以指政府或单位，也可以指大量的非正式团体。

---

[1] ［美］唐·埃思里奇．应用经济学研究方法论［M］．北京：经济科学出版社，1998：145.

权力是反映主体—客体、命令—服从关系的影响力，表现为对社会资源的支配和调动以及强制性地影响他人行为的能力。在书中，权力指基于既有的组织机构、规范制度而获得的正式的“制度化权力”，也指缘于个人魅力和人情关系而形成的对他人的非正式影响。权力秩序将最终决定社区精英与组织之间的关系，从而决定社区结构。

资源的存在离不开它所具有的功能和效用，具体来讲即为资源能够帮助人们完成和实现一些目标，能够促进社会的进步和发展。而且，资源往往能够为社会的发展和前进奠定和提供坚实的物质基础，这是不可替代的。通过相关研究发现精英和相应的组织在社会中所处地位的确立往往离不开资源的支持，或者说从某种意义上来讲资源的占有程度决定了其社会地位和位置。

不同的主体要想实现对社区的良好治理或者说是产生一定的影响，往往需要借助于一定的网络或者说是平台，而网络结构的表现形式往往规范和约束权力秩序。本书中所讲的网络往往指的是呈现水平分布的一种关系状态，具体来讲其主要包括和表现为“不断交织的等级组织和非正式互动网络”。[1]

精英的存在往往具有两方面的功能和作用，其一，其作为一个社会个体往往会受到宏观社会结构的影响；其二，精英也具有相应的主观能动性，具体来讲即为其能够促进和推动组织和制度的创新发展。此外，社会精英的触角延伸较广，其往往也是公众参与以及政治动员的主要力量。

---

[1] [印度] 杜赞奇. 文化、权力与国家：1900—1942 年的华北农村 [M]. 南京：江苏人民出版社，1995：4.

通过研究发现，相关机制的存在往往由社会精英和组织所创造，同时这些机制对于社会精英和组织也起着相应的塑造和规范作用，简言之即为机制在社区治理过程中可以被视为一种博弈的规则。

治理这一概念并不抽象和宏观，其往往是指公共权力在一定的社会区域之中对社会进行相应的管理和调解的动态过程，而这一管理和调解的成效往往取决于多个方面的因素，不仅取决于社会公民的合作，更为关键的是取决于社会组织的合作。

3. 现象范围

现象范围从某种意义上来讲主要是指所要展开研究的具体的边界和方向，其所具有的功能表现为能够凸显自身研究的特色。具体到本研究来讲，本研究的现象范围主要为 1980 年以来我国城市社区治理体制这一问题。对于这一问题的研究主要采取了两个研究视角，其一为横向的视角，具体表现为政府组织、社区组织以及非政府组织与权力之间的关系。其二为纵向的视角，这一视角主要着眼于三个方面，主要包括组织和权力的“行政性”、组织和权力的“附属性”以及组织和权力的制度化发展等诸多方面。

4. 特定理论

具体来讲，特定理论主要表现为由概念所形成的逻辑系统。具体理论主要表现为一种原理和理论，其为具体研究的展开和推进奠定了基础和提供了条件。同时，通过研究会发现理论支点往往表现为一定的发展观和唯物史观。本书运用的基本理论是政治学理论、政治社会学理论、新制度经济学制度创新和制度变迁理论等。

5. 检验方法

检验方法能够作为对研究结果可信度进行测量的一种路径，本研究也采用了相应的检验方法，同时采用的是一种实用性的检验方法。具体来讲表现为通过查阅档案材料、文献资料以及对当事人进行相应的访问，进而为检验方法提供坚实的后盾支持，为研究的开展提供良好的可操作性支撑。

6. 价值观念

价值观是指“对现象的满足或不满的实际评价”，是“从道德原则文化理论或哲学观点推断的实际判断”。[1] 虽然说价值判断在相应的实证研究中所发挥的作用是非常有限的，但是这并不代表其不能够发挥作用，相反的往往有其存在的道理和根据。具体到本研究中，本研究主要围绕城市社区治理过程中的组织与权力的具体运行机制展开相应的实证研究，在实事求是原则的指导下展开相应的研究工作。

四、研究方法与资料来源

1. 社区作为研究单位

在当今国内学界对中国城市社区的研究中，人们对于城市社区

---

[1] 苏国勋．理性化及其限制：韦伯思想引论［M］．上海：上海人民出版社，1988：276.

的边界有不同的看法。一种观点认为社区专指西方社会中自治性质的城市区域，自然形成而不是按行政区划来确定，所以街道不是社区，居委会才能看作社区；另一种观点则认为街道作为特殊的行政设置方式，地域范围明确，规模较小，具有构成社区所必需的五要素（地域、人口、区位、组织和社会心理的认同），因此完全可以作为社区来进行社区发展。

然而，在当代中国社会发展的理论研究和实际实践中，社区通常被界定为“聚居在一定地域范围内的人们所组成的社会生活共同体”。基于历史和现实的影响因素以及实际操作的综合考量，“目前城市社区的范围，一般是指经过社区体制改革后作了规模调整的居委会辖区”。[1] 体制改革后的社区是以人口、地理面积为参数划定的社会自然地域范围，是工作、居住、生活在同一地域内的所有社会成员在政府指导下，从事自我管理、自我教育、自我服务、自我监督，利益共享，责任共担的社会区域。各地对社区规模的划定大小不一，一般在1000～3000户，在地域范围上，它小于街道而大于原居委会；在功能上，它既不同于街道，也与原来的居委会有脱胎换骨的不同；在理论上，它是社区成员自治性的，能进行自我可持续发展的政治文化共同体，以相对独立的成员归属感、向心力和认同感这种内在联系纽带为特征。社区的地位、运行机制、与政府部门的关系、管理水平等方面与以前居委会在内涵和外延上发生了巨大变化。

正因为如此，本书在这种意义上选择社区居委会（20世纪90年

---

[1] 中共中央办公厅、国务院办公厅、民政部关于在全国推进城市社区建设的意见［EB/OL］.（2014－09－28）［2019－07－20］. http：//www. studyez. com/shequ/kscs/all/201409/763818. htm.

代中期以前是居委会）为基本的研究和分析单位。一方面，社区居委会实际上成为街道办事处的“腿”，是准行政组织，政府与社会权力在此交合，通过对社区半行政半自治组织的时空研究，我们可以更深入地研究社会、国家和城市之间的相互作用；另一方面，当前以社区为基础的建设主要由社区居委会进行，研究社区可以对社区改革过程中社区组织和权力的快速整合与分化进行更加全面的分析。因此，社区空间的深入研究可以让我们更全面地了解中国城市社区治理中社区内外权力和组织网络的变化、转变和扩展。

20 世纪 90 年代末，国家民政部开始在沈阳、天津、青岛等城市进行社区建设试点工作，以探索建立适应社会主义市场经济发展需要和中国由传统社会向现代社会转型要求的新型社区，提高城市现代化管理水平，巩固国家基层政权。2000 年 2 月 24 日，民政部确定武汉市江汉区为“全国社区建设实验区”，该区满春街成为首批三个试点街道之一。自 2000 年 3 月下旬至 2000 年 7 月中旬，满春街在原来所辖 17 个居委会的基础上，重新组建了 8 个社区，各社区成立了社区党支部、社区成员代表大会、社区协商议事委员会、社区居民委员会 4 个社区主体组织。2009 年对 4 个社区主体组织进行了改组。2015 年 7 月下旬又对四个社区主体组织重新组合。本书所研究的长堤社区即 8 个社区之一。

在社区筹建过程中，笔者作为华中师范大学城市社区建设研究中心和武汉市江汉区政府联合课题组成员之一，参与了全过程，观摩了全程序阶段。近 4 个月的调研收集了大量的材料，得到了许多实践感观，2001 年 3 月中旬又被派往街道民政科工作直至 2002 年 5 月底，其间，由于工作性质的原因，笔者长期与社区打交道，对社区以及社区的组织与权力有了更进一步的认识，2013 年 3 月中旬至

2015 年 7 月上旬以及 2015 年 11 月上旬至 2016 年 3 月下旬又两次进入长堤社区，2017 年笔者又多次进入社区调查，得到大量弥足珍贵的文献和口述资料。2017 年调研结果的分析与两年前得到的感受相比已有了很大的改变，这引起笔者对中国城市基层政治更大的浓厚兴趣，长堤社区正是作为城市政治社会的基本细胞进入笔者的视野。

2. 选取长堤社区的原因

笔者之所以使用案例说明是本书侧重于“故事”，城市社区案例研究仍处于起步阶段；另外，尽管单个案例社区并未反映中国城市社区的多样性，但它可以揭示中国城市社区共同性的一面，城市社区的同质化方面开辟了具备时代特征的共同主题。因此，本书研究的目的不是期望从案例研究中得出关于中国城市社区的一般性结论，而是对中国城市社区进行总体假设，以期作出进一步进行验证、讨论和批评。

笔者研究的社区位于湖北省武汉市江汉区满春街，是一个典型的传统街坊社区，笔者称之为“商居混合型社区”，朱健刚称之为“老城厢居民区”，[1] 由于位于闹市中心，房产未得到开发，保留着完整的地理、人文和生活特征。在中南大地，这样的城市社区很多。一般认为，个案社区的社区特征完整、历史清晰、经济发展一般这些条件是选点的依据。但在长堤社区人文特征更加突出，社区政治活动显得更加丰富。尽管社区异质性在提高，流动人口多，在中国城市社区却是常态。由此长堤社区便成为笔者研究的范本，具体原

[1] 朱健刚将城市社区分为四种类型：老城厢居民区、单位居民区、近建居民区和新建居民区。朱健刚．国家、权力与街区空间——当代中国街区权力研究导论［J］．中国社会科学季刊（香港），1999（26）．

因如下。

（1）社区职业构成成分较为复杂，居民工作角色与生活角色不重合。

（2）居民之间从相互了解和熟悉开始，进而形成了较强的地域感，同时也形成了复杂的社会纽带关系，再加上较强的人际互动关系，最终形成了相应的社区规范，也形成了较强的社区认同感。

（3）社区的资源相对来说较少，但是相关研究表明社区的凝聚力以及社区参与的频率是相对较高的。

（4）相关研究表明社区住宅较为拥挤，人口密度较大，此时居民意图扩张个人私密空间的想法和举动同对有限公共空间的使用之间产生了矛盾，因此，常常因为对于公共空间的使用这一问题产生争议和出现冲突现象。

3. 操作方法与资料收集

马克思说“不仅讨论的结果应该是真实的，而且通向结果的路径也应该与事实相符”。[1] 通过对其的解读，我们应注重运用正确且科学的研究方法来展开相应的研究。同封，在进行理论研究时，需要多种不同的研究方法进行支撑和支持。

本书在开展相关的研究过程中采取了田野调查法，具体来讲主要包括对问卷法、观察法、文献研究法以及深度访谈法的运用。本书在开展具体的研究时采取了案例实证研究的方法。在相应的宏观背景之下，将“长堤”类型作为一个微观视角的研究。在对样本社

---

[1] 马克思恩格斯全集（第 1 卷）［M］. 北京：人民出版社，1956：8.

区展开相应分析和研究的过程中，应做到立足于当地实际情况，并对问卷数据进行相应的分析统计。此外，通过文献方法来对一些无法直接进行研究的问题展开相应的研究工作。

在做好充分理论储备准备工作之后，笔者利用工作和熟人之便（1999 年 7 月—2002 年 7 月在江汉区政府工作，其中在江汉区社区建设指导委员会办公室、街道办事处工作过，下派社区居委会锻炼过；2017 年 7 月—2017 年 8 月、2018 年 7 月—2018 年 8 月再次深入社区和区街民政部门作深入访谈），经过长时间的实地研究和数据收集，对这个社区的组织和权力进行描述和分析。在调研期间，笔者收集了以下四方面的材料：

首先是文献材料，它的组成有三个主要部分：其一为政府政策和法规，其二为街道办事处以及居委会的相关档案材料，其三为新闻、杂志以及报刊等。

其次为访谈数据，在相关基础工作的基础上，笔者设计了一个访谈提纲，以此来作为访谈的行动计划，具体来讲受访者人员组成主要有三类，分别为：社区居民、工商税务以及城市管理等职能部门负责人以及街道办事处官员等。在对不同的受访者进行访谈之后，通过录音整理以及回忆整理等方法和手段来获得完整的访谈数据。

再次为案例材料，这一层面的材料主要靠参与观察方法来获取，在具体开展工作的过程中还应注重对受访者的观念以及态度的观察，这也是该方法使用的应有之义。在与受访者进行对话和交流的过程中，不断了解他们内心的想法，进而了解和掌握他们对自身在社区中定位的看法和观点，从某种意义上来讲可以说是一种对社区生活和文化的认同感。

最后为参加会议取得的资料，通过参与街道以及社区居委会在日常工作中所开展的各种正式、非正式会议，以此来更加深入地了解社区治理进程中的组织与权力是如何有效运作以及在具体的运作过程中是否会产生一定的冲突，进而又是如何良好地解决这些冲突的。

在这些研究和探讨的基础上，笔者还收集了其他社区的一些实地调研资料，以此来为本研究提供更加翔实的第一手资料，具体来讲这些调查资料主要来源于武汉市江汉区6个实验社区以及武汉市其他一些社区的实地调研资料。此外，还有北京、上海以及沈阳等地多个社区的实地调研资料，这为本研究的开展奠定了坚实的基础。

五、结构安排

本书的研究思路由本书的基本结构来体现，其基本方法体现在本书研究内容上。本书的逻辑思路是：从历史视角分析长堤社区的组织起源和权力起源过程；从静态视角分析长堤社区的组织结构和权力结构；从动态视角分析长堤社区组织与权力的展示过程。综合上述实证分析，提出了一些问题导向。

导论对主题研究的基本问题进行解释。除了导论之外，本书的内容分为八章。

第一章社区的背景主要描述了长堤的地理位置、空间结构、社会结构、人文特征、地理景观、历史演变和组织状况等。所有这些因素构成了长堤的行政生态环境，是长堤社区治理变迁的场域。

第二章组织的转换与权力的更迭，描述和分析了1949年中华人民共和国成立前后社区组织的转换和社区权力的更迭。本书从保甲制的消解、权力重建和民主建设这三个方面对中华人民共和国成立前后的三个时期的社区权力以及社区组织形态的发展建设状况进行了一个系统的分析和解读。笔者认为中华人民共和国的建立从某种意义上来讲实现了对传统社区保甲制度的摧毁。中国共产党混合国家权力通过建立居民委员会进而逐步实现对传统社区组织的改造以及实现对意识形态的动员。国家行政权力对民众的政治动员和意识形态的深入掌控，迅速稳定了城市社会的基层，使社区组织变得日益规范，同时形成了最初的社区权力。

第三章全能主义架构中的社区政治，主要对20世纪六七十年代长堤社区政治的显著特征进行了描述和分析。在20世纪60年代和70年代，长堤社区经历了大跃进、城市人民公社和前所未有的无产阶级“文化大革命”三个阶段的洗礼。全能政治主导了长堤社区的运作和组织。“行政性”成为长堤政治的主题。在社区治理过程中，受到国家宏观政治气候的浸润，长堤实施了高度的“党、政、社”合一发展模式，社区权力达到了前所未有的集中程度。党支部几乎控制了社区的所有权力。由于国家整个经济战略的失败，“单位办社会”的单位制模式逐步形成，导致了社区权力的分化，社区动员和监督能力正在消解。在单位制下激进政治的情况下，社区权力几乎完全瘫痪，社区组织被削弱，原有的权力结构也被严重破坏，权力秩序变得混乱，单位外部呈现出真空的状况。

第四章社区的再造，对20世纪80年代社区权力和组织结构的重构进行描述和分析。

这一章主要是对20世纪80年代长堤社区治理再造过程的解读和分析，而这一分析主要从以下三个方面予以体现，分别为：街居制的重建、权力的扩张与失序、社区制建设的进入。20世纪80年代以来单位制逐步解体，长堤社区逐步开始了街区制的重建过程，这一重建工作的开展，使得社区权力逐步得以恢复，但是总体上来讲社区权力仍未获得完全的恢复和重建。随着国家改革导向的转变，社区权力的恢复速度逐步加快，社区权力逐步扩大，但是在这一过程中面临着一个非常严峻的问题，那就是社区权力的恢复速度并没有基层社会变化的速度快，这使得社区权力在社区治理过程中所发挥的作用非常有限，甚至出现了失灵的情况，这就使得政府必须对社区组织和社区权力进行重新整合，进而解决面临的问题。

第五章建设“社区”：权力结构的调整，从组织网络的生长、权力的重组与分化、社区精英角色和行为角度分析“社区”的构建。专门研究了长堤社区的四大组织，社区力量如何分化，以及社区政治家的面貌。在21世纪初，社区系统的引入催生了长堤社区的4个组织。这些组织根据自己所拥有的资源和对社区公共事务的控制程度，确定其在社区网络结构中的作用。这种状况导致了社区内部组织结构和权力结构的重大变化。其中，社区精英加入社区组织，参与社区组织和权力运作的权力分配。

第六章契约化与组织化：权力的适度分化，它是长堤社区治理最重要的方面——社区环卫与社区治安。本章认为，通过界定政府和社区的权威来实现互补功能和协同作用，它可以实现城市社区与政府之间的“双赢”局面。从契约制度化的社区环卫、社区治安的组织化机制两个具体案例中，我们描述了长堤社区治理中权力是如何分解和消解的。主要阐述了社区卫生承包经营机制和社区保障组织运作机制。这两种治理技术是长堤社区处理公共事务的规范化表现。

第七章社区公共权力秩序的调控与维系，首先对长堤社区运行机制和权力结构的具体情况进行实地调查，进而对长堤社区治理过程中相应的社区权力决策机制的动态发展过程进行一个良好全面的把握。紧接着通过案例分析的方法对长堤社区居民的日常生活状况进行一个细致深入的分析解读。在治理方面，社区冲突和争议是由社区精英的权力资源和战略调节的。在最后，仍然是通过案例分析的方法对长堤社区治理过程中各个社区组织如何实现对资源的共享，具体来讲主要表现为两个方面：合作和沟通。通过沟通与合作，社区组织间权力的不平衡转向均衡，社区组织在关系实践中的行为是提供合理化的决策。因此，通过对社区这一微观层面进行探讨和分析，会深刻地揭示合作、竞争、冲突、沟通以及协调等多个元素之间的内在关系。这是社区组织的实际生活方式和生活现状，因此我们也看到了整个城市社区最深刻的生命力和持久的活力。

第八章结语：社区中的政治与政治中的社区旨在简要介绍该研究，并讨论和解释国家、城市和社区之间的复杂关系，在这一探讨的基础上进而对城市社区的有效治理提出多种不同的提问导向。简言之，基本结论为：社区权力结构在社区治理过程中呈现出一种多维结构的形态和趋势。社区党组织、社区居委会、社区（成员）代表大会和社区协商议事会共同决定社区公共事务和控制社区权力。这种多维结构揭示了国家权力，这构成了社区治理过程中的两个主要结构性力量，即为行政服务的政治建设和自治自我管理建设。这两股力量的整合之路是通过走法治化道路，建设社区政治民主，在社区层面实现政治民主自治，走向“小政府，大社会”。

第一章　社区的背景

长堤社区所处满春街是武汉市江汉区民政局确定的社区建设试点街道之一。满春街位于武汉三镇之一的汉口最繁华地域，地处汉口老城区中心，又是商业闹市中心，地域范围狭小，居住人口稠密，商业网点密布，街域面积0.30平方公里，共有居民9866户，28971人。满春街原来的居委会是你中有我、我中有你的格局，每家居委会管辖户数在500户左右，往往一条街巷、一个居住集中的地段为多个居委会管辖。为了改变这种状况，2017年3月初，按“小于街、大于原居委会”的规模，参照地域、道路、里巷等相对独立的地理参照物及居民的认同感、归属感，为了社区自治、社区管理、社区服务和社区功能，根据自然地理关系、人口密度、管理机构和资源配置，在原居委会的基础上，适度考虑单位和设施情况、人民的心理认同等，根据区域部门，以主要街道和车道为界，进行相邻委员会的分类和组合，以1000~3000户的居住规模为范围，将原17家居委会重新划分为8个板块结构的新型社区，并按知名度高、认同感较强的原则，为新社区命名。

长堤社区由原来整个的沙坊居委会、水龙居委会、得胜居委会和部分勤劳居委会、长堤居委会组成。至2017年3月底共有居民户数1199户，人口4300人，面积0.023平方公里，地域面积东面从民族街57号至107号，南面为人和街87号至97号，西面为福建巷2号至26号，得胜街2号至34号，北面为长堤街1030号至1090号，呈不规则的长方形状。街巷数量为1路、4街、7巷、1里，共有11个辖区单位：武汉市电子工业学校、福建街小学、江汉区民族土产日杂商场、江汉区土产日杂公司、民族副食品商店、长胜食品商场、武汉市盛锡福制帽厂、江汉建筑工程公司二公司、工行民族路办事处、满春街工商所、满春街环卫所。

一、人文特征

长堤社区空间结构、住房结构、公共设施、人口结构等保留着历史风貌，其公共问题和需求结构同时体现出历史风貌。

长堤社区处于闹市区并存在生产空间与居住空间混合现象。社区空间结构包括社区在城市空间结构中的位置以及内部生产空间与生活空间的关系。长堤社区是老汉口发源地，处于武汉市商业闹市区，位于东汉正街市场、大兴路鞋帽专业市场、大夹街服装专业市场的包围之中，并与六渡桥、中山路、江汉步行街、龙王庙商业中心相隔不远。长堤社区处于一个开放的市场区域之中，其本身就是市场的一部分，社区内外商业网点和手工作坊达186家。社区内部存在生产空间和生活空间混合，其直观景象就是“前店后宅”“前作坊后住宿”“下店铺上住宿”“下作坊上住宿”的“商居合用”模式，它几乎保留了清代晚期以来的城市居住模式。居委会和居民将这种居住模式称为“暗房”或“三合一”。“三合一”是指一间房屋同时承担了生产或交易、睡觉、仓储这三种功能。“暗房”是指在屋顶和地板之间用木板形成悬空的住宿空间。据社区居委会估计，这类住房可能占家庭总数的1/3左右。“商居混合”说明居民对住宅的需求不单纯是为了满足休息、睡觉、繁殖后代、思考、感情交流等生活需要，还包括甚至主要是为了满足商品生产与经营的需要。“商居混合”有利也有弊，有利的一面在于邻里之间可以保持频繁的经济交往和社会交往，邻里熟悉程度高，一眼就看得出谁是新来的外来人口（社区民警周健如是说），但不利的一面在于市场的负面外部影响，如噪声、空气污染、垃圾暴露、人口和道路拥堵，以及由此产生的民事纠纷、安全问题、火灾隐患等问题。长堤社区适宜于经商做买卖，而不适宜于居住，收入较为稳定的机关工作人员和专业技术人员通常“用脚投票”，向外迁移，寻找适宜的居住环境。

长堤社区住房结构真实地反映了我国大城市老城区的住宅状况。该社区20世纪80—90年代以后修建的砖混结构房只有17栋，占房屋总数73栋的23.3%；砖木结构房39栋，占总数的53.4%；木板结构房17栋，占总数的23.3%。砖木结构房和木板结构房历史悠久，有的是明清时代留下的，有的是20世纪20年代修建的，虽然部分房屋曾进行过局部整修，但房屋结构未得到根本改变，房屋质量差，部分房屋被认定为危房。沙坊巷19、20、21号还有6处危房，是一排砖木结构的房屋，房门分别朝东、西两个方向开设，中间隔墙为两家或多家共用，建房用的砖块是20世纪20年代的青砖，估计房屋已有大约80年的历史。砖木结构房、板木结构房容易引发火灾，安全隐患大。

长堤社区人口结构具有复杂性。从户籍结构看，社区总人数为4300人，本地户籍居民2240人，占总数的52.1%，户口不在江汉区而在武汉市其他六个老城区的居民为1700人（即“人户分离”），占总数的39.5%，外来暂住人口360人占总数的8.4%。从年龄结构看，60岁以上老人占总数的11.1%，28岁以下的青少年和年轻人占总数的21.8%，29~59岁成年人占总数的67%。从职业结构看，社区居委会和社区民警估计：个体户和手工业者有3343人，占居民总数4300人的77.7%。街道民政科退休干部胡某说："从清朝中叶开始，长堤辖区居民主要是铁匠、铜匠、做皮鞋、制衣等小手工业者，走街串巷贩卖小百货、风味小吃的小商小贩，帮他人倒马桶的人（俗话说'下河的人'），基本上是社会底层人士。而水塔街的华中里、永康里等社区主要聚集着钱庄和银行职员、船员等社会地位较高的社会阶层。"对于居民收入状况，2001年社区居委会对八种人员的月收入做过摸底调查，结果分别是：影像出租户300~500元、房屋出租户400元、最低生活保障人员198元、退休职工500~800元、商场营业员500~800元、社区组织人员500~600元、社区干事450元、开"麻木"（武汉俗语，即电动三轮车）的500~800元，按照2001年武汉市城市居民年人均收入7305元（608.75元/月）计算，长堤社区70%的居民年人均收入低于武汉市居民年人均收入，处于温饱水平。

长堤社区市政设施存在量少、质差问题。社区道路拥挤，长堤社区内外包括"一路、四街、七巷、一里"，"一路"是指民族路，"四街"是指长堤街、福建街、得胜街、人和街，"七巷"是指水龙一巷、水龙二巷、沙坊巷、江苏巷、福建巷、惠滋巷、火路巷，"一里"是指敬业里（俗称"死巷子"，有进口无出口），民族路宽5米左右，四条街道分别宽大约3米，巷道宽1~2.5米。巷道幽深曲折，有的巷道长度可达数百米，七拐八弯，横竖穿插。人流、物流、车流聚集于狭窄的巷道，穿越巷道要付出很大力气，该巷道有大量的大小型企业，为道路带来交通和车辆（自行车和板坯）的混乱，往往导致交通和火灾通道堵塞，容易引起火灾，不利于火灾预防。社区供电设施老化，电线像蜘蛛网一样交织在一起，电线质量差，大多是20世纪70—80年代安装的“花线”。在社区186家商业网点中，123个商业网点存在电源隐患，占隐患总数的66.1%；84家商业网点存在消防器材问题，占总数的42.5%；38家商业网点堆放危险物品，占总数的20.4%；38家商业网点存在空间混合即“三合一”或“暗房”问题，占总数的20.4%；31家商业网点存在消防通道阻塞问题，占总数的16.7%。另外，社区排水供水系统老化，停水和污水外溢现象时有发生。

长堤社区存在活动空间短缺现象。建筑拥挤，建筑物密度大，“握手楼”“亲嘴楼”比比皆是。社区最大的露天广场，社区居委会前面的开放空间（实际上是两栋楼之间的“庭院”，占地面积120平方米），是唯一一个在强制拆除后腾空的空地。公共活动空间，难以满足居民对健身场所的需要。为弥补内在空间的不足，社区组织与辖区单位开展“资源共享”活动，每晚免费租借“华联商厦”大门外的停车场，作为居民健身场所。

针对社区条件约束所带来的安全问题，社区居委会工作的重点就是预防火灾。它们的精明之处在于通过开发和利用社区社会性基础设施，建立快速的火灾预防机制，来弥补物质性基础设施的缺陷。火灾预防机制包括三种具体形式：其一，社区居委会组织居民建立了一支由87位志愿者组成的门栋关照员队伍。其二，募捐机制。其三，恢复“夜间打更制度”，这是一种土生土长的火灾预警机制。据说这一制度历史久远，汉口兴起时，居民就自发采取“夜间打更制度”，提醒居民防火防盗。社区安排两名享受最低生活保障的居民打更。打更的人一般说四句话“楼上楼下防火防盗，电线走火关总门（电闸门——笔者注），油锅起火用沙压，烟头纸屑莫乱丢”。

综上所述，该社区的主要特征是：

（1）源远流长，人文区位特征突出。自从清末张之洞为防长江、汉江洪水修建长堤以来，该地区地名一直留存下来。太平天国时期洪秀全率兵六次攻占该地而闻名天下的六渡桥坐落于此。由于地处长江和汉江交界处，历朝都是码头工人的聚居地；又由于水运交通的便利，长堤所在地区的满春街，在中华人民共和国成立前一直是下等妓女栖息地。

（2）出行方便，商业繁荣。由于地处两江交界处，又邻近著名的武汉市最早修建的第一条道路——中山大道，因而外出方便。但由于地处闹市中心，长堤社区属于典型商业区、老城区，商业分布以街巷为主，发展空间有限，小商小贩多，街面都是涉及居民的店铺，如饮食、建材等。社区内街道拥挤，巷里狭窄，道路不规则，不熟悉的人走进去就很难找到方向。房子多为平房，年代久远，中间夹有楼房，颜色老旧。

（3）社区内老居民多，里巷多，居民收入水平相对偏下，居民文化层次相对较低，产业工人、下岗工人、城市自由职业者构成了这一社区的主要阶层结构。而且流动人口大，人口异质化程度在增强，人口趋向老龄化。

（4）社区文化资源丰富。满春街辖区内有 5 所学校，其中就有 2 所在长堤社区内，社区文化有了活动载体。社区内有 11 个社区单位，其中就有满春街环卫所，社区环卫工作有压力；老城区的地理位置，使得社区公共空间和公共土地面积狭小，为绿化和社区活动增加了难度。

（5）社区组织体制健全。原长堤居委会在中华人民共和国成立后就一直是市、区一级模范居委会，是市、区、街道宣传的典型。社区现有中共党员 52 人。作为湖北省第一个选举产生的社区居委会，社区内组织除党支部外，还有社区成员代表会议、社区居委会、社区协商议事会、社区工会、社区妇联、社区共青团等。这些能够比较完整地反映出社区行政建设的过程。

（6）居委会经济发展态势良好。2017 年居委会重组后分配到原居委会的现金积累 20.3 万元，经营性房产的收益年收入达 8.928 万元，又有居委会“三产”项目和社区服务项目收入，年总收入达 15 万元左右。

二、历史沿革

提起长堤的历史，不得不从汉口的历史发展说起。

长堤所在的地域江汉区，是汉口发展的主要地域之一，江汉的传统和文化是老汉口几百年历史和文化的流播。据记载，汉口形成于 500 多年前的明朝成化年间汉水改道时。当年的汉口只是与现武昌隔江相望，与现汉阳连为一体的一个荒湖。汉口之得名，缘于汉水入长江之口的意义，即汉口地处长江，汉江交汇之口。其实汉口作为地名最早出现在南北朝时期，501 年，齐萧衍进军武汉地区，曾亲自领军进克汉阳鲁山（龟山），“驻汉口城以守鲁山”。但是，由于汉水与长江的交接口经常变化，所以古汉口非今汉口。今天汉口的大致位置是在明朝成化年间汉水改道后基本成型的。这次改道形成的地域十分开阔，港湾水运条件良好。加上明朝初年实行招民垦荒政策，江河堤防修建使汉口“占水道之便，擅舟楫之利”，很快便成为一个商贾云集的商业中心。

之后，汉口居民日增，商业逐渐繁荣，取代其周边的一些小市镇发展壮大。由于居民不断增加，在长江和汉水交汇的两岸出现了最早的几个居民聚居区——坊。当时，汉水口南岸有崇信坊，北岸有居仁、由义、循礼和大智四坊。漕运和盐运的刺激，使得汉口的水上运输业迅速发展，居民与日俱增，到明朝末年，居民达到近万户。

汉口市镇的发展使得地方政府认识到进行管理的必要。明嘉靖时期，汉阳县在汉口设置巡检司进行管理。清朝雍正时设改汉口巡检司为礼制巡检司，增设仁义司，由此可见当时市政繁荣、管理事务渐多的情形。

明清时，汉口拥有大量的会馆和公所等民间组织。会馆和公所是同乡或者同行的人们为了互助和自卫而建立的一种松散的民间社会团体。汉口自古“本乡人少异地多”“九分商贾一分民”。会馆和公所是外来商贾的活动和议事之地，传统功能主要包括祭祀、义举、同业规范、自卫和娱乐等。它们构成汉口社会的主要结构。汉口以商业而兴盛，因此，民风重商、追逐商业利润、经商发财是汉口社会的风尚，市井气和市民气十分浓厚。汉口的另一个社会风气是官场习气少，市民习性多。

近代以来，汉口的城市布局发生了变化。居民基本沿汉水而居，开埠之后，轮船可以畅行大江，使得城市建设变为沿江而建，汉口市区从沿河走向沿江。租界和华界的商业发展也使得商业中心从汉正街和长堤街、黄陂街等转向六渡桥和江汉路。自清末设立商务会始，汉口就一直存在着依法组织的商业行会和同业工会等商业性民间组织，调整商业，发展和同行关系。据 1938 年《汉口市政概况》

载，当时存在154个商会组织，包括市商会、京苏广货会、帽业会、鞋业会等。会员人数少则10人，多则300～400人，是汉口社会结构中十分重要的组成部分。

汉口市镇的历史发展和社会风貌的变迁为长堤社区演变提供了生长背景。长堤社区最迟出现于1864年。1864年（清朝同治年间）修建“汉口堡”，使“袁公堤”（1635年修建）失去防洪功能，居民自发地在“袁公堤”周围建房居住，“袁公堤”逐渐演变为今天的长堤街，汉口城市区域也由此向北扩展到长堤街，长堤街四周的巷道纵横交错，成为汉口闹市区，并与当时的汉正街、黄陂街、花楼街等构成了汉口镇的主要街道和商贸中心。清朝后期，城市基层社会建制为十进制的牌—甲—保编制，以10家为牌，设牌头1人，10牌为甲，设甲头（或甲长）1人，10甲为保，置保长1人。长堤所在地域为汉正保之1甲，辖长堤和汉正地区。

民国成立后，在城市基层社会，推行区、坊、闾邻四级制。国民政府汉口特别是在全市实行闾邻制，长堤属地为汉正区满春坊第九闾。20世纪30年代初，国民政府废除闾邻制，推行保甲制。长堤属地的坊公所和闾公所被撤销，长堤属汉正区第16保。[1]

1949年5月16日，解放军进驻汉口，武汉市人民政府成立，遂接管了旧政权所辖的26个区公所，仍然沿用旧的保甲体制。年底将26个区公所调整为12个城区、7个郊区，长堤仍为汉正区管辖，成立了长堤治安小组。

1950年7月，武汉重新调整行政区划，汉口划为第二、三、四、

---

[1] 2013年7月10日，笔者为了解满春街以及长堤社区的历史，专门采访了满春街相关领导和退休干部。

五区，长堤属地为第三区，成立了各种临时性活动小组。

1952年底武汉区划再次调整，第三区改称江汉区。1953年2月，在现满春街办事处辖区居民分别选举产生了得胜街政府、满春街政府、大夹街政府，这是一级基层政权。长堤地域为满春街政府长堤居民小组。

1954年，根据武汉市委、市政府关于“区人民政府是基层政权组织，在区政府下不宜再设立一级政权机构”的指示，大夹街政府、满春街政府、得胜街政府分别改为街道办事处，作为区政府的派出机构。长堤为满春街办事处下属的长堤居民小组。

1955年1月，满春街办事处长堤居委会成立。

1958年到1960年，江汉区开展人民公社化运动，全区15个街道合并调整为7个街道公社，长堤改为管理区，满春街办事处改名为江汉区人民公社满春分社。

1961年6月，江汉区人民公社满春分社撤销，恢复满春街办事处，长堤居委会恢复。

1966年满春街道办事处实行军事编制，长堤居委会被编成连建制。1967年10月，满春街道设“革命委员会”，长堤改为“革命居民委员会”。

1980年，“革命居民委员会”撤销，恢复长堤居委会。

2000年3月，社区制改革，满春街坊居委会、水龙居委会全部和勤劳居委会、长堤居委会部分合并组建长堤社区居民委员会。

2004年3月，长堤社区居民委员会，重新选改组，仍命名为长堤社区居民委员会。

2004年3月—2012年6月，仍命名为长堤社区居民委员会。

2012年7月至今，长堤社区居民委员会仍沿用这一名称。

三、组织状况

对长堤社区治理起主导作用的社区组织主要有社区党支部、社区成员代表大会的日常代行机构的社区协商议事会和社区居委会，前两类组织笔者将在第五章作详细阐述。在此以社区居委会的组织状况来说明长堤社区治理结构。

1. 工作人员

承担长堤社会工作的专职人数达16人，包括社区组织成员6人（党支部书记1人和社区居民委员会成员5人）、社区干事3人（江汉区法院下派社区司法助理周金平、社区民警周健、社区计生专干陈有松）、安全保卫队员7人（社区聘用）。

长堤社区居委会于2019年4月18日由社区成员代表大会第十次全体会议45名代表以无记名投票选举产生，其组织人员如表1－1所示：

表1－1 长堤社区居委会干部组成人员表

姓名	性别	出生年月日	文化程度	政治面貌	任职单位名称、职务（注明：下岗、退休、无业居民）	何年何月从事居委会工作	现任职务（分工情况）	地址
傅荣珍	女	1946.10.15	高中	党员	满春街劳动服务公司经理	2000.04	书记	勤劳二街
龚崇明	男	1952.01.08	大专	党员	华中航运集团公司货运中心经理（离岗休息）	2000.04	主任（全面）	长堤街

续表

姓名	性别	出生年月日	文化程度	政治面貌	任职单位名称、职务（注明：下岗、退休、无业居民）	何年何月从事居委会工作	现任职务（分工情况）	地址
蔡淑珍	女	1964.09.14	高中	党员	原长堤居委会副主任	1997.06	副主任（社会保障）	前进四路和平街
张幼润	女	1960.07.22	高中	党员	武汉钢锯厂（下岗）	2000.04	委员（治安民调）	惠滋巷
彭丽华	女	1959.04.14	高中	群众	武汉童袜厂（下岗）	1997.06	委员（妇女计生）	大夹街
陈宇	女	1973.02.18	大专	团员	武汉满天星花卉礼品公司（离职）	2000.04	委员（文教卫生）	清芬小区

2. 组织结构

从表 1－1 可以看出，长堤社区居委会成员有 5 人，实行主任全面负责、委员分工负责制，其组织结构如图 1－1 所示：

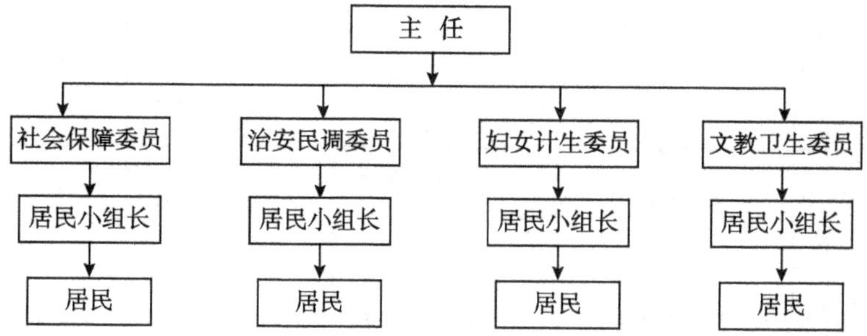

图 1－1　长堤社区居委会组织结构图

长堤社区居委会有4个工作委员会：社会保障、治安民调、妇女计生、文教卫生，由副主任和3个委员会分别负责各工作委员会，主任则全面负责社区工作。当然，在实际工作中，各个工作委员会并没有严格地区分工作范围，一旦有任务，居委会工作人员（包括书记）通力合作。

长堤有23个居民小组，小组长是居委会和居民之间联系的重要中介。居委会有公共事务告知居民时，首先居委会将通知集团领导的居民，然后它们将通知每个家庭。这些信息将通过小组组长发送回社区委员会。正是通过居民小组起到的中介作用，居委会得以减轻了直接面对居民的工作压力和工作量。

3. 组织方式

2019年4月选举产生的长堤社区居委会经历了八道程序：成员代表的产生。以居民小组为单位，召开代表会议协商推选2~3名代表。每个社区单位也推荐代表1人。报名，社区居民自愿报名和居民十人以上联名推荐。笔试。面试。召开第一次社区成员代表大会预备会，确定预备候选人。“分级落差三段式”预选。“一周实习制度”。正式选举。

4. 社区居委会下设组织机构

长堤社区除政治性团体如社区共青团、社区妇联（共青团书记由社区文教卫生委员兼任，妇联主任由社区妇女计生委员兼任）外，有9个领导小组：社区综合治理领导小组（组长由社区书记付荣珍兼任，组员有社区主任、社区民警、特派员、单位代表、社区治安委员），防火领导小组（组长由社区主任兼任，组员有社区民警、特派员、社区协商议事会成员、社区计生和治安委员），禁毒领导小组（组长由社区书记兼任，组员有社区民警、特派员、社区主任、社区文教卫生委员和治安委员）、烟草打假领导小组（组长特派员、组员有社区主任、治安委员、文教卫生委员和一个小组长）、企地共建领导小组（组长由社区主任兼任，组员有社区社会保障委员、文教卫生委员、治安委员、单位代表），两劳释解帮教领导小组（组长由社区书记兼任，组员有社区民警、特派员、社区主任和治安委员），民调领导小组（主任由社区主任兼任，组员有社区民调委员、社区民警），治安领导小组（主任由社区主任兼任，社区民警、单位代表、社区治安委员），维护稳定法轮功领导小组（主任由社区书记兼任，组员有社区民警、特派员、社区治安委员）。

第二章　组织的转换与权力的更迭

本章第一节粗略考察了中华人民共和国成立前长堤社区组织主体的建设过程、基本特征和运行机制。第二节重点介绍了中国共产党和政府对城市基层社会组织的探索过程，长堤社区正在这个过程中。第三节对长堤社区的组织和权力的初步形成进行了描述。

一、保甲制的消解

保甲制度和警区制度构成了长堤社区原有的权力结构特征。它是城市基层社会中国家政府体制的延伸，以行政社区为支柱，以警察区为权力边界，与现代街道相连。民国成立之后，长堤的社区体制经历了一个不断官治化的演进过程，表现为由闾邻制到保甲制和警管区制。

在市区两级下面设置街一级行政区划，始于 1928 年 6 月公布的浙江省街村制度，依照该制，杭州市下设区、街（村）、闾、邻四级，城区设街、乡区设村。[1]街闾“以联合团体，互相保卫，专办本

[1] 史习芳．解放前天津行政区划沿革［J］．天津社会科学，1982（2）：64－70.

街公益之事为宗旨”。公益主要包括：卫生、工程、治安、事务、善聚，后来更扩及金融、税务、物价以至军需杂捐等方面。[1][2] 1930年5月20日，南京国民政府重新公布了1928制定的《市组织法》。这一新法规吸取了浙江省街里制度的主要内容，实行区、坊、闾、邻四级制。其第4条规定：“市划分为区、坊、闾、邻，除有特殊情况外，邻以五户，闾以五邻、坊以二十闾，区以十坊为限。前项区、坊、闾、邻间各冠以第一、第二等次序。”法律第一次规定了地区的自治权。市民有权参加人民代表大会，进行选举、召回、创作和复议；设立地区办事处，设立总监，管理地区自治事务，并由地区会议选举产生区人大代表。区居民大会由区人大选举产生的代表组成。每个区将选出两个人。主席将由代表选出。其具有审查区的预算和决算、并设立一个广场办事处的功能。关于自治政府的管理，总督由人民代表大会选举和罢免；全区地区监测委员会由区居民代表大会选举产生，由3~5名委员会成员组成，行使监督职能。闾，邻居没有公职，没有完整的市级自治，更基本的户籍管理组织，以及居民会议和自治事务由他们决定。《市自治法》第126条和第127条规定：“闾设闾长一人，承坊长之命，办理闾自治事务；邻设邻长一人，承闾长之命，办理邻自治事务。闾长、邻长分别由闾、邻居民会议选举之。”[3]

---

[1] 朱英．晚清经济政策与改革措施［M］．武汉：华中师范大学出版社，1996：235-236.

[2] 马敏，等．传统与近代的二重奏——晚清苏州商会个案研究［M］．成都：巴蜀书社，1993：93-98.

[3] 中国第二历史档案馆编．国民党政府政治制度挡案史料选编（下册）［M］．合肥：安徽教育出版社，1994：507-524.

根据1928年7月3日国民政府公布的《特别市组织法》和上述《市组织法》之规定，汉口特别市遂在全市实行闾邻制。长堤所在区域为汉正区满春坊第九闾，设闾长一人，由坊长任命，承办户籍管理，协办由坊长交办的卫生、治安、救济、税务和军需杂捐等事项。1932年8月，《剿区内各县编查保甲户口条例》由豫鄂皖三省“剿匪”司令部颁行，同时《施行保甲训令》以蒋介石的名义得以公布。1934年10月，保甲制度经国民党中央政治会议议决通过，并由行政院通令在全国推行。于是与县一样，各市也开始在区下改行保甲。汉口特别市于该年撤销了区以下的坊公所和闾公所，并于年底开始推行保甲制度，按照“二十五户为一甲，二十五甲为一保”的规定，长堤遂为汉正区第16保。尽管如此，但是我们发现传统保甲制度的控制功能在很大程度未被有效发挥出来，即使在这一层面其作用发挥不足，但还是良好地体现了其作为行政权力延伸到基层社会的作用。按照当时政府的解释，保甲制度应是“国家对于人民之团结互助，以及自卫等在适应其环境需要上，规定有关邻保友爱、保安防患等办法，以巩固地方最下层组织，发展公众无穷福利的一种基本制度”[1]。在长堤地区，保甲组织极形简陋，十九附设于保甲长之家，依照“管、教、养、卫”的原则进行活动。清查户口，制定保甲规约，推行联保联坐；对本地居民进行反对中共的宣传和加强国民党“党化”教育；向保甲内之居民摊派名目繁多的保甲经费；抽选壮丁（18～45岁），编练民团、修筑工事，搜查缉捕。[2] 保甲逐

---

❶ 华北政务委员会治安总署编．保甲教科全书［M］．出版者不详，1942.

❷ 林炯如，等编．中华民国政治制度史［M］．上海：华东师范大学出版社，1995：251.

渐由一个单一的社会工具演变为全能的行政工具。[1]

在武汉开始沦为日占区之后，日本人较为重视行政效能的提升，在某种程度上来讲将保甲制度推向了纵深发展的水平。具体工作模式的开展表现如下：首先长堤保甲长要定期向江北区警察局汇报行政工作开展情况，日本在警察局配有一名日本殖民警察。保甲长的作用和功能是协助殖民警察维护社会治安。抗战胜利后，保甲制度被国民党政府在全国各大城市中继续沿用。汉口市特别市政府根据国民政府 1943 年修正后的《市组织法》原则编制保甲，并配合推行实行警管区制，警管区制实行“一警管理一区”，负责“警勤区”的警察，其管理的区域与保的辖区相当。长堤遂组成保民大会，由每户推举一人组成，保民大会的成员具有选举和罢免保长、副保长以及区代表会代表的权利。具体来讲，主要的工作开展模式表现为“警勤区”警察同保甲长共同管理辖区内的各项事务。

国民党之所以推行保甲制度，在很大程度上是为了实现社会动员以及增强提取相应资源的能力。保甲制度的推行在很大程度上促进了权力向基层组织中的渗透，同时也非常有利于其资源的提取。同时也极大提升了基层民众的组织化程度，进而实现对基层社会的有效治理，最终实现对社会秩序的稳定维持；另外，在抗战中，它在及时征兵和征税中迅速完成了政府的总体动员和统一思想，其表现的作用和组织的公共权力也出现了。

通过这种方式，经过国家政府和日伪政府 10 多年的努力，该市的保甲系统和警察区系统合作，市政管理和社会控制的终端组织幸

---

[1] 王奇生．国民党基层权力群体研究：以 1927—1949 长江流域省份为重点［D］．武汉：华中师范大学中国近代史研究所，1997.

存下来，并在20世纪下半叶经由居民委员会组织存续到今天。

二、“组织起来”[1]：权力的重塑

“组织起来”可以用来概括中国共产党建立政权初期对城市基础社会组织权力重塑的过程，这一过程的核心在于，随着传统城市社区组织的信仰基础和物质基础被逐步抽空，新的社区组织与权力结构发生了根本性的变化。

中国共产党于1949年5月16日接管武汉市后，市政府根据《中共中央关于处理保甲人员办法的指示》，于6月14日发布通告，宣布废除保甲，并明令禁止使用保甲人员。[2] 但遵循指示中的规定：“对一般保甲长在短时期内仍须留用，使之有助于社会治安的维持。”[3] 长堤的保甲长被留用下来，暂时办理户籍工作，报告隐蔽匪特和物资，检举散兵游勇，看管设在该保甲的一切公共房产、机关、工厂及其他公共财产不受损失。新政权的革命性质决定了保甲长的使用只能是暂时的和临时性的。接管城市后，城市新生政权建设的首要任务是彻底废除保甲制度，彻底摧毁旧社区权威，严厉打击旧保甲人员，完成新政权日益增加的各种任务，建立自己的全新基层组织。新政权和旧政权的性质差异决定了新政府不能依赖旧的保甲

---

[1] 在1951年的国庆典礼上，毛泽东看到整齐的市民队伍，感慨道：“还是把市民组织起来好。”

[2] 实际上，武汉市保甲制度的彻底清除是1950年的上半年陆续完成的．武汉市档案83－1－148，83－1－502.

[3] 北京市政协文史资料委员会编辑．北京的黎明［M］．北京：北京出版社，1988：183－184.

系统，而必须彻底销毁。1950 年 2 月，工作组进驻长堤，专门进行废除保甲的工作，建立了由居民产生居民小组长负责人组成的长堤居民代表委员会。“将基层完全交在人民的手里，使成为人民民主专政的堡垒。”[1] 居民代表委员会日常任务是扶贫救灾，疏散难民，收容无业游民，宣传中共政策，配合治安派出所维护社会治安，清查户口，调查本区域登记人口情况，进行防特、防盗、防火的宣传，收集情报，粉碎与追究反革命谣言，发动群众检举汉奸、特务、盗匪、流氓、贩毒等破坏活动，并协助做好救护和消防等方面的工作，在社区内完成国家权力的转换。当时的居民代表委员会干部张福梅说：“我们那时的居民干部不计时间，不计地点，不计报酬，勤勤恳恳，认认真真，任劳任怨，热心热情为居民群众服务，居民则把居民组织视为能够保护他们利益、反映自己要求、解决具体日常实际问题的组织，高度认同和赞赏我们的工作。我作为一名家庭妇女，能够从家里走出来干点事，也感到脸上有光。”

不过，此时更重要的任务是“镇反”“肃反”，接管武汉市后，中共成立了军事管制委员会，长堤在区军代表和公安派出所的领导下组成了治安小组，其主要领导人由公安派出所指定专职国家干部担任。任务是消灭辖区内特务、黑社会组织、流氓以及残留的国民党旧有体制内的各种成员，基层社会稳定成为新政府的目标。通过“镇反”“肃反”，新政府的权力迅速地控制了社区，传统社区组织受到了犁庭扫穴式的清剿，退出社区权力领域。通过在社区直接建立组织、派驻干部，同时大规模地使用命令性权力直接督管，使新中国在城市基层社会迅速地稳定下来。

---

[1] 武汉市民政局工作总结报告（1949－5－1950－5），武汉档案馆 83－1－148（8）.

三、初期的建政

在社会上取代老精英之后，新政治开始了社区转型的第二步，即大规模的政治动员和民主政治建设。正是在这个过程中，长堤的组织结构和权力特征发展成为“自治—基层政权”的双重权力组织。这种变化来自宏观层面的全国推广。

通过各种群众运动实现政治动员。这些运动是解决具体政治和社会问题的一种方式。

更重要的是，通过群众运动，他们教育了群众，使得群众了解他们的信仰和思想，激发他们树立民族热情和政治民主意识，最终树立了党和新政权的权威。

政府工作人员试图在其管辖范围内的小巷中建立各种组织。大多数表现是由区政府安排，以安排体育任务开始，派出工作组，结合体育活动，并发动组织中的工作人员、教师、青年学生等。也充分利用周围居民中的“活动家”，设置各种临时组织完成相应的任务。例如，长堤建立了一个卫生队来开展大型卫生活动。“镇反”学习小组、中苏友好小组、反美援助支部、宣传站等组织相继出现。这些都是在政府部门的直接协助或监督下建立起来的，最重要的是由警察局建立的长堤保安队。这些团体的建立取代了驻地代表委员会的工作，长堤驻地代表委员会并没有继续存在。

随着新政权的基本稳定和大规模群众运动的展开，全国从 1952 年开始进入国家政权建设过程。通过相关研究发现长堤在开展活动的过程中往往依赖于各暂时性和临时性的组织，这一发展建设模式虽然能够在短时期内奏效，但是从长远来看将不利于工作的持续稳定开展和推进，更不利于更好地解决居民所面临的诸多问题。此外，这一工作开展模式在很大程度上容易导致发生混乱的现象和状况。区政府认为："根据目前情况，着手加强与健全基层组织的工作是极其重要而迫切的任务，否则会使工作停留在表面，脱离群众，造成严重的混乱现象。"❶ "根据几个月工作体会，最基层的居民必须有一个组织，解决一些可以自行解决的问题，反映各阶层的情况与要求及传达与动员群众响应政府号召，推动和贯彻政府的政策法令。这是一种群众性的组织，是政府和区协商委员会下层的有力依靠，是上下贯彻一系列工作的纲。"❷ 1953 年 2 月，满春街政府成立并组成了政府委员会和优抚、调解、卫生、文教 5 个工作委员会和街妇联，使街一级组织固定下来。长堤设居民小组，组长掌握全面，三个副组长分别掌管治安、卫生、文教，其他小组撤销或合并。❸ 据当时居民小组李汉荣回忆，居民小组在 1954 以前工作内容大致有以下几项：反映居民群众的意见和要求；学习和宣传党和政府的方针、政策、法律法规；办理救济及某些公益事项；组织群众防特、防空、防盗。

1954 年《宪法》和《城市居民委员会组织条例》（以下简称《条例》）的颁布使全国行政权力的整合迅速地延伸到各个社区，全国统一了居民委员会的名称、性质、任务和机构设置。按照《条例》

❶ 民政科第二季度工作总结（江汉）. 武汉市档案馆 35 - 1 - 422（40）；高民政，郭圣莉. 居民自治与城市治理：建国初期居民委员会的创建 [J]. 政治学研究，2003（3）：30.

❷ 武汉市人民政府武昌办事处民政科四个月工作总结. 武汉市档案馆 35 - 1 - 422（4）；高民政，郭圣莉. 居民自治与城市治理：建国初期居民委员会的创建 [J]. 政治学研究，2003（3）：30.

❸ 江汉区 1952 年一年工作总结：武汉档案馆 29 - 1 - 48（1）.

规定，1955年1月长堤建立了居民委员会，下设7个居民小组，设主任1人，副主任1人，委员3人，主任和副主任由委员推选产生，常设有社会福利、治安保卫、文教卫生、调解、妇女5个工作委员会，由副主任和委员分工担任各项工作。居委会主任、副主任及委员是义务工作，杂费由区人民委员会拨发。根据《条例》居委会是基层群众性自治组织。居委会除了为居民的福利做的工作，如治安、卫生清洁、防火防盗、调解、水电、路灯照明、救济贫病、扫盲识字外，日常大量的工作仍然是政府性的。“运动占80%，日常工作占20%。”“居委会每月要收扫街费，领着粮店的人发粮票、发油票、发点心票、发布票。夏天发熏蚊子的药，冬天到各家登记买煤买劈柴，肝炎流行通过各家各户买陈嵩熬汤渴药，一天下来，忙忙叨叨，还有家里的三餐四季衣服。街坊打架，到居委会，进门就喊，你给评个理儿！”[1] 当时的居委会副主任王月珍回忆：“解放初期到1958年，居委会干部选举产生，居民委员会主任、副主任和治安保卫主任、妇女代表主任、福利保障主任都不拿工资津贴，义务工作。不少在职职工、在校学生、居民群众，业余时间也爱往居委会跑，大家将居委会当成家。当时，工厂、商店等招工机会很多，居委会干部宁可不拿一分钱，整天在居委会义务工作，却不愿进工厂、商店去干有固定收入的工作，其原因是担任居委会干部有自豪感和荣誉感。当时居委会干部及各居民小组治保员主要配合、协助公安派出所开展社会治安和监视违法工作。解放初期的居委会还没有建立党支部，居委会工作主要接受区政府的领导和街道的指导。当时居委会工作大多根据居委会辖区内居民的意见、建议和要求来确定，

[1] 钟阿城．日常中国50年代［M］．北京：中华书局，2017：82.

如组织义务劳动、改善居住环境、扶贫帮困。居委会主任和其他居委会干部在居民群众中有很高威信和权威。由于居委会干部长年累月与居民群众在一起，所以几乎每家每户每个人都认得居委会干部，家里事、街坊事、邻里事、里巷事，都会找居委会反映和提议，请示居委会干部帮助解决。居委会干部与群众关系非常融洽和谐。因此，居委会换届改选、推荐候选人等选举工作开展也比较顺利。”

随着国家权力渗透到城市基层社区，长堤开始发生明显的变化：政府进行的大规模社区空间建设活动开始在居委会所在辖区开展。建设的物质来源主要来自政府行政资源的统一分配和调配及主要的人力组织资源。从居民委员会的自愿劳动到动员居民，在行政权力的控制下，人们通过建设社区空间得到了整合。通过相应的研究发现社区行政组织的力量获得了极大的增强，社区居民的日常生活中已经充满着国家的意识形态。同时，工业组织随着国家工业化战略的实施与推进已经大量地出现在街区之中，相应的街区中的居民也逐步转变为了工人。正是在这一发展背景之下，社区居民逐渐由“社会人”转变为“单位人”。

可以看出，新国家权力渗透到基层社会的基础有四个策略：一是抑制反政府地方力量，迅速稳定基层社会秩序。通过居民委员会，政府有效地打击了伺机制造混乱的敌对分子。另外，它也大力提升了处于新政府基层人民的基本素质，从而稳定了人民的思想，稳定了社会生活环境。二是社会救济与转型。政府救济穷人，分发救灾物资和资金，重建保甲人员制度。三是大规模的社会动员。如组织健康团体和安全团队，激发社区居民的积极性，使他们真正在日常生活中，自觉认同自己是国家的主人。四是建立正规和非正规组织网络，使基层能够运作，完成基层政权的变革和法律重建。通过重建社区组织，新政权也加强了对社区的渗透，政府调动和监督社区的能力得到了加强。通过这些战略，国家权力迅速完成了政权更迭和法律重建。但是，国家行政权力的主导地位也意味着社区权力的大部分权威资源来自社区之上的政府。

从整个国家政府体制的角度来看，居委会的权力非常薄弱，它处于国家组织权力体系的最后。对于整个社区来说，原始社区中的本地组织权力几乎被彻底删除，单位制仍然不完善。因此，人民生活的大部分资源，特别是政治动员的主要领域，都集中在社区。区和街道政府的宣传和社会动员工作下放到了居委会。1958 年以前，委员会成员有权：处理有关居民的公益事宜；将居民的意见和要求反映到区人民委员会或其派出的办公室；动员居民遵守法律并响应政府号召；调解居民之间的纠纷；领导群众性的治安保卫工作。可见，在这个时候，社区的行政权力不再仅仅只由居委会单独控制，而是由国家权力控制下的“盈余”。

第三章　全能主义架构中的社区政治

全能主义❶是理解20世纪60—70年代长堤社区政治的核心概念，借以表明新政权确立之后，国家成为主导社会管理的唯一主体，并通过行政体系对经济社会生活实行全权化管理，各类全能全面型的“单位”组织则成为实施这种管理的基点。因此，全能主义所反映的是在政治上高度整合的总体性社会中，国家和社会高度一体化，国家力量渗透到社会各个角落。❷ 通过一系列特殊的政治、经济和社会制度安排，国家垄断了绝大部分资源，并控制了几乎所有的社会空间，国家的权力通过这些总体性制度安排和反复再生产的支配结构渗透和散布到社会生活之中。❸

长堤居委会于20世纪60—70年代也置于全能主义的架构之中。

❶ 全能主义（Totalism）这个概念按照邹谠教授的界定，指的是这样一种思想，即政治机构的权力可以随地，无限制地侵入和控制社会的第一个阶层和每一个领域。全能主义政治则是指以这个指导思想为基础的政治社会。邹谠．二十世纪中国政治——从宏观历史与微观行动的角度看［M］．香港：牛津大学出版社，1994：69.

❷ 景跃进．国家与社会关系视野下的村民自治［J］．中国书评，1998（5）.

❸ 孙立平．改革前后中国大陆国家、民间统治精英及民众间互动关系的演变［J］．中国社会科学季刊（香港），1994冬季号.

在经历了政权更迭和合法性重建后，“行政性”长期成为长堤政治的主旋律，长堤先后接受了“大跃进”“城市人民公社化”和“史无前例的无产阶级文化大革命”的政治洗礼。

一、社区行政化：权力的集中与回落

中国共产党在20世纪50年代中后期，决定建立政府权力集中、计划行政管理的国有化经济体制，主要是出于向苏联学习的考虑。这种照猫画虎的观点认为，随着国家向社会主义的过渡和国家工业化发展，工人阶级以外的街道居委会居民将日益减少，街道办事处和居委会的管理对象也将日益减少，因此，街道政权将不再需要。[1]随着国家工业化和现代化，城市居民的生产、消费、生活将逐步纳入工厂、机关、企业、学校的轨道，由企业和单位解决居民的一切问题，所以街道办事处和居民委员会只是“一种过渡时期的组织”，并将逐步失去存在的必要性。在此理念的支配下，街道办事处和居委会一开始的定位就是组织、管理单位以外的其他城市居民。

1958年“大跃进”开始成为整个国家的匆进战略开始发动，政府希望通过“大跃进”使经济快速赶超西方发达国家，但也打算进一步加强国家对全体人民的政治动员。中共八届六中全会于1958年12月10日通过的《关于人民公社若干问题的决议》指出，人民公社也在城市中开展了一些试验。未来，城市中的人民公社将成为以适合城市特色的形式改造旧城市和建设新城市的工具。它们将成为

[1] 彭真. 城市应建立街道办事处和居民委员会［M］//彭真文选（1941—1990）. 北京：人民出版社，1991：240－241.

人民生产、分配、交流和福利的统一组织者，成为工人、农民、商人的政治组织和社会组织。❶

中共中央于1960年3月9日发布了《关于城市人民公社问题的指示》。该《指示》说，中央政府认为应该采取积极的态度来组织和试验城市人民公社。基于实际情况的各种形式的组织，例如，大型国有工厂和矿山、中心和学校，街道居民或城市地区以及一些农村地区作为人民公社的主体可以进行试验。城市人民公社实际上是由员工家属和其他劳动人民组织的，所有其他自愿参加的人员都是在党委领导和工作人员的积极赞助下组织起来的。它以生产为中心，组织各种集体福利和服务业务。它可以极大地改变城市妇女的面貌，特别是大多数家庭。❷

20世纪60—70年代的长堤政治无疑受这种宏观因素的影响，社区精英对这一过程进行了能动性创造。1960年3月底，区人民委员会改为城市人民公社，满春街与附近两个街合并为一个分社，长堤居委会和另外4个居委会组成长堤管理区，成为城市人民公社的组织部分。随后，分社成立党总支，长堤管理区设党支部，管理区开始直接在党支部统一领导下进行工作。支部建在管理区，正如“支部建在连上”一样，意味着在管理区里党的控制成为行政力量的主导，一个党总支—党支部的组织网络初步形成。党的直接控制加强了管理区的力量，但更重要的是加强了党本身在管理区的权威。随着以管理区党支部为单位的党支部网络基本形成，管理区实行“政

---

❶ 中共中央文献研究室编．建国以来重要文献选编（第11册）［M］．北京：中央文献出版社，1995：600.

❷ 中共中央文献研究室编．建国以来重要文献选编（第13册）［M］．北京：中央文献出版社．1996：59－60.

社合一”，实际上是党、政、社高度合一，社区权力达到了前所未有的高度集中状态，党几乎控制社区内部权力。前长堤管理区党支部书记汪月姣说：“那时候居委会工作除了组织群众，宣传党的路线、方针、政策以外，开始兴办托儿、食堂，建立生产组，鼓励妇女走出家门，建立服务站，为双职工承担家务劳动等；大炼钢铁活动中，居委会发动群众，日夜奋战。当时事无巨细，书记说了算。”

由于居委会性质的转换，长堤管理区的职能也发生了根本改变，“生产后方，生活场所，阶级斗争前哨”成为管理区建设的新目标。管理区中心工作不再是反映居民的意见和要求，办理居民的公共福利事项，而是忙于组织居民大炼钢铁，大办工业、大办食堂。居委会的组织权限是：一方面，管理区开始兴办各种服务性和生产性实体，如托儿所、生产、加工修配服务站等。作为填补劳动力就业和解决居民生活条件缺乏的一个重要手段，家庭妇女、社会闲散人员、“两劳”释放人员都被组织起来参与办厂；另一方面，管理区担负的行政事务也日趋增多，成为分社的“派出机构”。

组织城市人民公社，使城市社会彻底单位化，就是要彻底消灭城市社区中残存在单位体系外的一些死角。一个“单位”须具备下列基本要素：第一，是一个国营或集体的就业场所，其成员均为从事某种生产经营业务的劳动者；第二，是一个基层法人；第三，财务上独立核算，具有分配和再分配功能；第四，有一定的行政级别，单位负责人向自己的上级行政主管负责；第五，建有与单位行政级别相适应的党组织。[1] 在“大跃进”高潮中，城市人民公社通过实行党的一元化领导，大量兴办各种经济性组织，使街道居民也跻身

[1] 朱光磊．当代中国政府过程［M］．天津；天津人民出版社，1997：349－350.

于单位体系之中。

在 20 世纪 60 年代以前，单位制还未完全形成，管理区党支部对社区的权力控制几乎占据垄断地位。这个时候社区资源来源于三个方面：一是人力资源来源管理区自身及其雇佣的人力；二是财力资源来源于分社拨给和单位拨给；三是权力资源来源于政府和社区内部的组织网络。1961 年，管理区与管理区党支部构成社区内的重要权力组织，社区内的单位组织和群团组织主要起着支持作用。

然而，由于我国“大跃进”战略的失败，国家与社区之间的高度融合并没有持续很长时间。“大跃进”给经济造成了严重损失，资源短缺日益严重。许多组织必须开始承担员工的福利，甚至员工家庭的未来。“单位社会”的单位制逐渐形成。单位制的形成使居民主要由单位管理，并对单位负责。只有没有单位的居民才能获得街道办事处和居委会的帮助。随着越来越多的居民进入单位，社区资源越来越少，居委会的动员和监督权力萎缩。

二、单位制社会与社区真空化：权力的萎缩与解构

路风对中国共产党为何在全社会范围内推广单位制作了相应的分析，具体来讲主要体现在如下几个方面，第一个方面为国家通过行政手段实现对资源分配的控制，进而逐步消除市场关系。同时，强化了企业对工人生活的保障程度，让工人对企业单位形成极大的依赖。第二个方面为法律并未成为国家管理社会的主要手段，而是被纳入行政组织结构的经济组织，成为获国家管理社会的组织手段。第三个方面为党组织将其权力延伸到社会基层组织之中后，正如前文所述劳动者所处的就业场所变为他们参与政治过程的主要平台。

第四个方面为对于个人来说，就业场所的党组织和行政当局不仅是劳动过程的管理者，而且在政治上和法律上都实际代表了党和政府。在社会生活受到国家行政权力全面控制的条件下，离开就业场所和党政当局的认可和证明，个人的许多社会活动就无法进行（例如户口登记、婚姻登记、工作调动等）。当社会上的各种就业场所逐一被纳入计划经济体系后，单位社会就形成了。[1]

在单位社会中，身份系统、单位制和行政系统是三个相互关联的核心因素。“有单位的人”，他们的赌注主要是在他们参与的单位中实现的；国家政策法令也主要在他们所参与的单位与他们“会面”。根据彭真的观点，“工人阶级以外的街道居民将会减少。”1954年，长堤所在的街道有“70%的非固定职业”[2]，而在“三大改革”和“大跃进”运动之后，在单位制以外的就业人口已经所剩无几，这样一来，城市社区组织的作用与单位体系相比，就越来越不足道了。

“大跃进”失败后，城市人民公社于1962年先后撤销，长堤恢复了居委会建制，而街道办事处和居委会的条线管理特性却得到强化保留。

1966年，当中国人民伟大的领导人毛泽东放弃正式的权力结构并直接向全国人民发出革命呼吁时，长堤开始处于一种持续和激进

---

[1] “单位社会”引起众多学者广泛关注和深入研究。其中代表性的研究可参考，曹锦清，陈中亚．走出“理想城堡”——中国单位现象研究［M］．深圳：海天出版社，1997；周翼虎，杨晓民．中国单位制度［M］．北京：中国经济出版社，1999；刘建军．单位中国——社会调控体系重构中的个人、组织和国家［M］．天津：天津人民出版社，2000。

[2] 关于满春街建立居委会工作情况和意见．武汉档案馆83－1－508：43.

的政治兴奋状态，成为“资产阶级无产阶级专政”的一部分。1967年1月，武汉市委、市政府被反叛派系组成的“革命委员会”取代；1967年2月，在“政治街道建设”和“实现巩固无产阶级专政到基层的任务”的口号下，满春分区办事处设有军事设施。满春街道办事处实行军事编制管理，下设连、排、班，长堤居委会属连建制，设正副连长，由“居民积极分子”（实际上是造反派）担任，代替居委会正副主任；1967年10月军事编制被取消，街道设“革命委员会”，长堤遂由“连”建制变为“革命居民委员会”，直接隶属于“街道革命委员会”的领导。“革命居民委员会”的组织结构与“街道革命委员会”极其相似。

根据要求，“革命居民委员会”必须是实施革命性“三位一体”的权力机构。所谓“三位一体”，就是“由真正代表群众的革命组织的领导人、当地的人民军队驻军代表和革命领导干部组成。这三者是不可或缺的”[1]。反叛分子夺取政权的策略是动员广大基层群众，依靠群众进行“阶级斗争”，对社会上的原始政治权力精英进行攻击和打击，主要依靠动员的群众力量、“三个结合”的干部和军队的支持。

通过研究发现“革命居民委员会”从某种意义上来讲更多地具有的是一种“专家工具”的行政色彩和典型特征。其工作重心已经不再是为社区居民的日常生活提供良好的服务，而是转向了持续不断的政治运动。正是在这一背景之下，社区政治控制和政治动员的职能得到了极大的发挥和加强。具体到本书所研究的长堤来看，我们会发现“革命居民委员会”利用其对社区较为熟悉这一便利条件，

---

[1] 论革命的“三结合”[J]. 红旗，1967 (5).

开展了一系列的政治运动。

在“街道革命委员会”的领导下，“革命居民委员会”以狠抓阶级斗争、搞好“群众专政”和意识形态宣传为主要职能，协助红卫兵组织或公安机关对社区内的“四类分子”进行监督改造，组织学习领导人讲话和有关文件，斗私批修、遣返、疏散人口，动员居民到农村安家落户，动员城市知青上山下乡，办理下乡知青病退及安排工作，检查户口及外来人员登记，社会治安和社会救济等。“革命居民委员会”撤消了原先设立的治安保卫、民事调解等专门工作委员会，成立了政治宣传组、服务组、群众专政队、业余工宣队、民兵小分队等。分别执掌对“专政对象”实行管制、宣传动员、治安联防等权力。原来的居委会干部大都被当作“当权派”遭到揪斗、游街、劳动改造。这个时期社区组织的权力几乎全部瘫痪，社区原有的权力结构也被破坏，权力秩序极为混乱。一位当时在“革命居民委员会”服务组工作的人员回忆：“1968 年我负责服务组，尽管有这一组织，但也没有多少事可做，只发放救济金，优抚军属。因为居委会的主要工作是搞政治运动。”

这一革命进程使得城市社区组织变得越来越弱，从而进一步加强了“单位”社会。大规模的知识青年走向农村，城市闲人分散到了农村，导致社区组织失去了大部分管理对象。随着转移，社区权力已转移到“单位”内部。

第四章　社区的再造

当长堤告别后革命状态，并进入新一轮的街居制重建时，单位制宣布解体。社区权力和组织结构开始重建，新形式和象征性语言再次诞生，20 世纪末以来社区的基本格局再次改变。

一、街居制的重建

当革命状态结束时，“拨乱反正”开始。1979 年，“革命居民委员会”被撤销，居民委员会的名称、职能、组织等重新恢复。1980 年，全国人大常委会重新确定《居民委员会组织条例》《人民调解委员会暂行条例》《治安保卫委员会暂行条例》的有效性。1982 年颁布的《宪法》首次明确了居委会的性质和任务，即“城市……按居民居住地区设立的居民委员会……是基层群众性的自治组织”，主要工作和职能是处理本居住区域的公共事务和公益事业，调解民间纠纷，协助维护社会治安，并向政府反映民众的意见、要求和提出建议等。居民委员会开始恢复“文革”前的职能，长堤的权力重新结构化。但居委会的权力只局限在与居民角色有关的行政事务和公共事务上，主要工作是将上级文件指示精神传达到居民中去，同时将居民日常生活的意见反映到街道办事处，发挥了一个上连街道办事处，下接居民的功能。

虽然居委会的工作和职能得以恢复，但总体上仍然是街道办事处的“腿”，管理和工作是“对上不对下”。这一时期，居委会的组织结构图如图4－1所示。

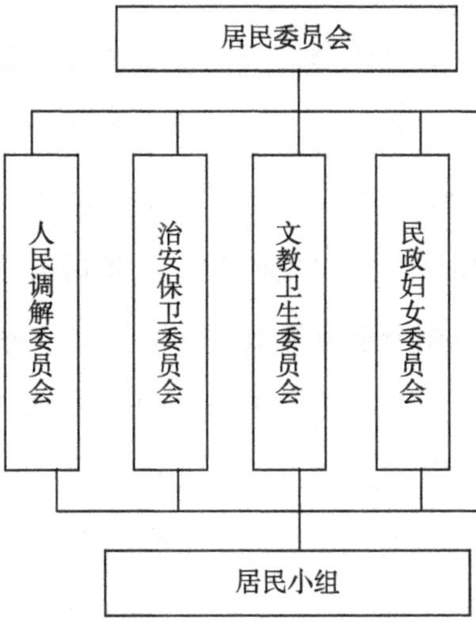

图4－1 20世纪80年代初期长堤居委会组织结构图

根据区街政府规定，长堤居委会由11人组成，主任1人，副主任3人。按照职能，下设人民调解委员会、治安保卫委员会、文教卫生委员会、民政妇女委员会、生产服务委员会共计5个工作委员会，各由1~2人组成，其工作是组织发动居民完成各项工作任务。当时的居委会主任吴江花说：“那时居委会没有什么权力，就是靠信任感去做事，要说权力，那唯一的权力就是组织发动居民小组长和居民完成街道下达的各项政治和非政治任务。”

虽然居委会形式上是居民代表大会选举产生，但实际上仍由街道办事处推荐，而居委会党支部书记由街道党工委任命，长堤的支部由 5 人组成，居委会主任是副书记，委员只是名义上的，既不去上班，也没有多少事可做。当时的书记王海珍说："当时的支部很简单，实际上只有我和主任两人，有重大事情我就和居委会干部一起开会决定，支部日常事务我就跟主任商量一下就行了。"

20 世纪 70 年代末 80 年代初，20 世纪 60 年代生育高峰期出生人口相继进入就业年龄，同时伴随着大批知识青年返城，街道办事处和居委会面临安置就业的政治任务。在政府的鼓动下，长堤兴办了生产组、托儿所和服务站。这些经营所得的收益为社区提供了不少的资源，但大部分资源仍然在单位内部，尽管居委会被确定为自治组织，但人员的资源仍在街道办事处手中。因此，这个时期社区权力结构虽然得以恢复，但基本上还只是处于单位制下"权力剩余"阶段，起着查漏补缺的作用。

在社区恢复活力的同时，单位受到两种不同趋势的驱动。一个趋势是该单位具有独立性，即相对独立于国家使其在各种社会生活中发挥更重要的作用；另一个趋势是个人相对独立于单位，减少单位对个人的覆盖功能和范围。单位制外部组织的产生和发展使单位受到了巨大的震撼与冲击，单位成员流失到系统外部，单位职能逐渐移交给社区，该单位的大规模破产和重组最终导致了单位社会的解体。

二、权力的扩张与失序

在 20 世纪 80 年代中期，中国政府的改革路径从农村转移到了城市。虽然街居制还没有成为改革的目标，但这一过程带来的社会和经济问题已经对街居的权力和功能造成了深刻的变化。这方面的变化在长堤中表现如下。

（1）自20世纪80年代中期以来，随着经济建设的快速发展和经济类型的多样化，特别是集体经济和民营经济的兴起，居委会也投入了“商海”，或设置自行车停放摊位、公共电话亭，或租用公共场所，或代办营业执照供出租。这些业务的收益为居委会提供了更大的经济实力，居委会的经济资源得到前所未有的加强。

（2）在居委会内和街道的“单位制”企业和机构中，它们的人事关系、工资编制和管理权限都是行业和制度的一部分。但是，随着企业单位内部的改革，员工过去享受的各种福利服务逐渐被削弱或取消。这些单位承担的社会职能逐渐与政府和企业分离。失业和下岗的员工逐渐脱离原来的单位，并将这些单位职能转移到居委会和街道办事处。

（3）改革也使人们的社会公共生活空间覆盖范围迅速得以扩大。一方面，社区流动人口规模迅速扩大。长堤的每日流动人口有上万人，这给社区管理和社区安全带来了巨大压力。另一方面，大量个体户、移动供应商和临街门面经营者的存在也同样需要社会管理，居委会对其居住地的责任越来越大。

（4）居民们对于提高社区对生活质量的认识和要求赋予了新的使命和新的目标。主要包括以下三个方面：第一，公共安全环境建设，居民希望社区能够防范入室盗窃、聚众赌博、青少年堕落、吸毒贩毒、卖淫嫖娼以及拦路抢劫等社会犯罪行为；第二，生态环境建设，如居民对污染、噪声、健康和公共空间被侵害的反感，希望社区能出面制止和维权；第三，社区公共服务的要求，居民希望在抚养孩子、求医、求学、日常生活和人际交往等领域获得良好的社区文化服务。

此时，由于缺乏法律规定，区街政府没有得到统一明确的政治行政授权，社区的行政秩序非常混乱。许多城市管理任务是在居委会实施的，但居委会没有明确的职能和权力。“对于一些问题可以被看到，也可以被触及，但是却无法管理。”居民普遍存在“四难”：购物困难、制衣困难、维修困难、找工作困难。为此，居委会及时领悟了《民政部关于加强街道居民委员会工作的报告》精神中的第3条：“积极兴办便民、利民的生产、生活服务事业。”创办了一系列服务业，旨在通过创收来解决行政任务日益增加而上级拨款捉襟见肘的经费问题。例如小卖部、小食堂、综合维修部、自行车停车棚、公用电话亭、缝纫点、洗衣点、理发店、定点废品收购站。除综合维修部是居委会办的集体企业外，其余都是由居委会提供房屋，出租给他人经营。时任居委会主任吴江花回忆：“我们那时自办的服务有28项，比现在多得多。居委会收入除上缴一部分给街道（办事处——笔者注）外，其余用于添置设备、搞活动以及干部奖金。收入多了干部都来劲了，我们说话就有分量了，街道（办事处——笔者注）有时就不得不考虑我们的想法。”

这种变化表现为两个方面：一方面，行政体系内的“被动经纪模式”[1]。居委会所获得的利益和资源还是相当有限，不能像真正的

---

[1] “经纪模式”原来是指个人或某政治集团为其他集团的利益奔走，而在这些活动中获得自己的利益，双方因此结成稳固的关系。比如杜赞奇把中国传统农村社会中的士绅和政府的关系分为两种“经纪模式”；国外关于唐人街的研究也往往把社区精英称为“经纪人”。街居体系和上级政府庶几近之，但它同时更具有很强的被动性。它对上级政府意图的执行基本上就是简单的“跑腿”，并不能根据自己的情况进行重新安排。而它们获得的利益也非常有限，不能像真正的经纪人那样，在代表政府意志的过程中受益，而是在执行之余，另起一头。利益是街居体系工作维持的必要条件，在此之外，行政隶属仍然是它和上级政府之间的主要内容，所以，街居体系在事实上实行着经纪模式，但又是被动的经纪模式。参见，项飚，宋秀卿．社区建设和我国城市社会的重构［J］．战略与管理，1997（6）．

经纪人那样，在代表政府意志的执行过程中受益，而是执行之余，另起灶头。行政隶属仍然是它和街道之间关系的重要内容。另一方面，长堤辖区生活空间狭小，不可能拥有足够的经济活动空间，导致居委会在辖区内乱搭建，与居民的利益冲突时有发生。

而街道乐此不疲，一是以居委会为主体的“委办经济”可以带来巨大的财力资源；二是街道制约居委会的手段也不是特别多，最直接的恐怕就是每月对居委会的定额拨款扣除和少量工资及其他经费拨付的掌握。

居委会党支部的地位更加尴尬。一方面，党支部处于整个社区权力的中心枢纽地位，但党支部—党小组—党员组织网络名存实亡；另一方面，单一意识形态的消解和政府腐败带来的党员威信下降，使党组织的凝聚力急剧下降。

这样，社区权力的结构化过程已经严重滞后于急剧变动的基层社会。一方面居委会事务日益增多；另一方面由于属编制外，缺乏资源补给。事实上，这反映了国家行政能力的局限性：一方面，国家试图将行政能力渗透到最基本的社会层面；另一方面，在如此庞大的国家，其财政和人力方面的限制使得行政组织难以发展到基层。因此，政府管理的监督职能只有通过居委会才能完成，因为居委会相关职能的发挥不依赖于政府的财政资源，但这使得居委会的职能与其权力不相称。[1] 这一切终于导致20世纪90年代末开始了社区制组织体制改革。

---

[1] 朱健刚．国家权力与街区空间——当代中国街区权力研究导论［J］．中国社会科学季刊（香港），1999（26）：190.

三、社区制建设的进入

“被动的经纪模式”很快便陷入三重困境：其一，重心偏移。居委会“以经济建设为中心”，虽然没有太大的经济收益，但积极性很高。其二，职能增加。居委会就如漏斗一样，区街职能的行政意图直接由此“漏”向社区，居委会疲于应付。其三，和居民生活隔膜。街道办事处和居委会互相抱怨，居民对居委会的“三产”服务动机不满意，居民成了居委会完成任务时简单的工作对象和“委办经济”的消费对象。

为摆脱此困难，20世纪90年代初，江汉区开展了以街道办事处为单位创建文明社区的活动，以创建文明社区为载体达到提高居民生活质量，改善社区环境的目标。通过加强社区精神文明建设，促进居委会工作，努力改善社区环境。但是，由于街道办事处和居委会的协调和整合功能有限，且缺乏广泛的民意基础和上下联动机制，最终创建活动很快就停止了。

2012年，武汉市政府制定了《关于进一步加强城市居民委员会建设的通知》，提出“学上海、兴武汉”，在全市推行“两级政府，三级管理”体制，强化居委会服务功能和街道办事处行政功能，规定居委会不得从事与社区服务无关的生产经营活动，要以社区服务和社区管理为重点。其目的有二：重新配置街道办事处和居委会在资源配置体系和权力结构中的作用和地位，使公共生活得以在社区基础上组织起来；向居委会授权，增强居委会处置公共事务的能力，成为能动性的“地方性社会”。

居委会被授予下列权限：一是与其职责相应的居民活动组织权。

二是居民公共事务与公益事业决策管理权，包括居民公约监督执行权；自有资金支配权；集体财产管理权；文明单位和“五好”家庭评议权；居民参军、招工就业推荐权。

虽然居委会拥有了一定的权力，但根本的“条”（区、街职能部门）和“块”（居委会）矛盾没有得到解决，即面对复杂的公共事务区、街职能部门因为力量有限而管不到底，而处于第一线的居委会由于缺乏相应的职权而管不到边。与此同时，条与条之间、条与块之间、块和块之间的相互协调沟通不多，居委会和职能部门没有隶属关系，相互之间的合作难以协调。这在长堤表现如下。

（1）居委会职能错位，“角色”混淆。居委会除承担《中华人民共和国委员会组织法》（1989）规定的自治事务外，还要承担区、街职能部门的行政事务，而区街政府仅停留在发号施令和监督检查上。居委会主任吴江花说：“我们是‘权小责大，费少事多’‘上管天文地理，下管鸡毛蒜皮，内管油盐柴米，外管斗殴扯皮’。承担的任务148项，‘上面动动嘴，下面跑断腿’，只好应付。”

（2）社区人口结构多元化和居民需求多样化与居委会服务管理功能矛盾凸显。经济成分多元化和城市化进程加速，“单位体制”衰落，“单位人”向“社会人”转变，游离于单位之外的居民日益增多；同时，急剧增加的企业下岗失业人中，不断涌入社区的外来人口，逐渐庞大的老年人口，使社区的居民呈现出结构复杂化、需求多样化的特点。长堤辖区老年人口占总人口的21.9%，流动人口每日达4000多人，下岗失业人员较多。

（3）城市管理下沉、任务加重与条块分割体制的矛盾日趋尖锐。长堤住房产权多元化和人户分离所带来的人口、社区治安、计划生育、环境卫生等管理难度加大，作为老城区，其存在地域狭小、空间有限、资源缺乏及辖区单位资源无力来配置和整合等难题。

2012年3月，作为“全国社区建设实验区”的江汉区决定在6个居委会进行社区制建设试点，长堤便是其中之一。社区制建设给长堤政治注入了三个方面的内容。

一是确立社区居民委员会的组织和产生方式。这是社区制建设所首要解决的问题，这一问题对于社区制建设的基础性意义，不仅与《居民委员会组织法》的制度安排有关，而且与原居委会的角色不清晰、功能不明确有关。所以，在2012年《武汉市社区自治组织产生指导意见》《江汉区社区建设工作试点方案》《江汉区满春街社区建设工作实施方案》中，重点对社区居委会作出规定。在长堤的社区居委会组建过程中，这一点也被摆到了首要的位置。

“民选”是社区居委会组织和产生的最基本规则，也是其合法性“印章”。2019年长堤社区居委会选举采取的是间接选举方式，具体为“分级落差三段式十一周实习制十等额选举制”❶，这种方式在街道办事处看来可以保证心目中的候选人当选，选举成功率高，又可以防止优秀人才流失。根据区街规定选举产生了主任1人、副主任1人、委员3人。社区居委会下设社区民政、计划生育、文教卫生、治安民调4个工作委员会，形成了主任—副主任—委员—居民组长—信息员—居民工作网络。

二是引入社区成员代表大会制度和社区协商议事会制度。社区

---

❶ “分级落差三段式”是指在正式候选人的产生上，按照主任、副主任和委员的职位，分三轮进行差额投票。即第一轮选主任，二选一，选举产生1名主任职位的正式候选人，落选者与另一位副主任职位的候选人参加第2轮选举，按二选一，产生1名副主任职位的正式候选人，落选者与另3名委员初步候选人参加委员选举，四选三，产生3名委员正式候选人。

成员代表大会制度是社区制建设中由政府引入的一项重要制度安排，这项制度承袭了2016年的社区居民代表会议传统，也是对居民会议难以召开的一种调适。根据区街的具体规定，社区成员代表大会代行居民会议享有选举、决策、监督、立规和评议等权力。[1] 社区成员代表大会吸取社区单位成员和单位成员享有投票权可被视为一个新的制度安排。但在长堤，这种制度安排实际上与前三届社区居民代表会议组织结构相融合，居民代表大会的51名代表除环卫所所长、福建街小学校长、电子工业学校校长三人外，绝大多数是社区党组织和居委会干部以及小组长，少数非干部代表则是一些较有影响的党员。虽然从制度上承认社区单位作为社区成员的权利与义务，也可以寻到一条共驻共建、资源共享的管道。但笔者却发现，社区成员代表大会在实际运行过程中更主要地表现为党员联席会。

社区协商议事会制度作为一项组织创新，被区街政府定性为议事监督层，其职权为民主议事、民主监督和民主评议。在长堤，居委会书记兼任协商议事会主任，居委会主任兼任议事会副主任，9名议事会成员除居委会书记、主任和街环卫所所长外，其余都是退休干部或工人。9人中有7位党员，有的是社区代表，有的是活动能力强、热心公益事业、具有较高群众威信的居民。这种组织创新形式，虽然无论从哪个角度看其成员都是社区精英，但是结构仍然在一定程度上模糊了社区协商议事会和社区成员代表大会的关系。所以，议事会实有议事之职，而无监督之权。

三是确立社区制度文本。长堤社区制度主体是由区街政府引入

---

[1] 武汉市社区自治组织产生指导意见［M］//武汉市民政局编印．社区建设资料选编（内部资料）．2000；武汉市江汉区满春街长堤社区自治章程（内部资料）．

的一套规则，其宏观法律依据为《宪法》和《居民委员会组织法》以及中办发的相关文件，包括《社区自治章程》《社区居委会工作制度》《居民公约》等，其中《社区自治章程》是核心文本。长堤的《社区自治章程》涵盖了社区居委会职责、社区成员代表大会制度、社区协商议事会制度等内容，目录如下：

江汉区满春街长堤社区自治章程

这一整套的典章制度，是由上而下引入的，直接应用于社区，除选举时所表现出的一点光彩之外，大多数制度文本被束之高阁。因为一方面，长堤日常的工作仍然是通过行政管道（包括党支部这一特殊管道）围绕国家行政任务而展开；另一方面，社区诸成员对具体的行动及过程目标可能有不同的企求，不同社区成员期望上的差异乃至冲突是社区生活的常态化表现。

第五章　建设“社区”：权力结构的调整

21 世纪初叶的社区制建设的导入是作为一种强制性变迁产生的，这一变迁过程在长堤不仅促进了社区权力的重组，形成四大主体组织网络，而且还导致社区权力的分化。随着权力的重建，社区政治人登上了权力的舞台并展演着各自的脸谱。

一、组织网络的生长

长堤社区内的组织有六类：领导层，指社区党支部；决策层，指社区成员代表大会；议事层，指社区协商议事会；执行层，指社区居民委员会；社区单位，包括各类企事业单位组织；社区政治性团体，如社区共青团、社区妇联等。

社区单位过去一直是封闭的“小社会”，随着 20 世纪 90 年代中期以来的共建活动才开始参与社区制建设，由于其自身的行业网络并不属于单个城市社区，社区单位直到 2012 年社区居委会成立以后才逐渐纳入到社区组织网络中来。

表 5－1　长堤社区单位联系表

序号	名称	联系人职务
1	武汉市电子工业学校	副校长
2	福建街小学	校长
3	江汉区民族土产日杂商场	副经理
4	江汉区土产日杂公司	副经理
5	武汉盛锡福制帽厂	副厂长
6	江汉建筑工程公司二公司	副经理
7	工行民族路办事处	副主任
8	满春街环卫所	所长
9	民族副食品商店	副经理
10	长胜食品商场	副经理

近年来，半官方和半流行人群的社会群体逐渐发展起来。虽然有许多这样的社会群体，但它们中的许多群体是社区之外的较大社会群体，无法在社区内形成组织网络。目前无法将这些社会群体有效地整合到社区系统的构建中。

一般来说，有三种主要类型的组织直接影响长堤社区的治理：社区党支部、社区居民委员会和社区协商议事会。社区居委会是增长最快、变化最大的组织。

根据 2018 年 10 月 28 日实施的《中国共产党支部工作条例（试行)》、中共中央办公厅 2019 年 5 月 8 日印发的《关于加强和改进城市基层党的建设工作的意见》，2019 年 3 月重新组建了长堤社区党支部，直接受街道党工委的领导，书记、副书记由党工委提名，经社区党员代表大会选举产生，长堤社区党支部由 3 人组成：社区党支部书记（是原街道劳动服务公司经理）；副书记（由社区居委会主任兼任）；委员（是一位党员代表）。其职能是政治决策、思想领导和政治监督。尽管对具体事务不插手，但是由于社区居委会主任是社区党支部副书记，他负责党支部，重大问题也必须在党支部会议上讨论。因此，整个社区正式权力的中心实际上就是党支部。社区党支部由区党委和街道党工作委员会授权，在其管辖范围内享有以下权利：社区重大事项的决策权；党组长的任免权；党风政治监督；党组和党员的管理权。[1] 除社区居委会的领导和监督作用外，工作重心下移是社区党支部的主要工作，重点是党组织建设和党员管理。社区党支部与党组织的联系是党的建设的联合会议。每半个月，联系会议传达和协调党内事务；与党员的联系是在职党员协会会议，每月举行一次；通过移动党员联络站、党建联络员等形式加强了社区党支部与辖区内党组织的联系和沟通，形成了社区党支部工作网络：党支部—党组—党建联络员—党员。通过这些方法，社区党组织网络得到了进一步的塑造，其结构如图 5 – 1 所示。

居委会长期以来在法律层面被视为一个大众自治组织，然而从某种程度上居委会承担着一定的街道调度机构的相应职能。此外，居委会还承担着街道传达的任务以及各种评估职能。

其功能与街道功能相对应，包括民政、公安、人民调解、文化教育和妇女计划生育。其主要的任务是实现对居民的动员进而良好地完成居委会的相关工作。居委会在居民看来并不是一个真正意义上的自治组织，相反是一个政府组织。同时，居委会在街道政府看来其地位也是十分复杂的。之所以这么讲，是因为居委会从本质上

---

[1] 管理权包括对组织关系在社区的党员的直管权、对组织关系在辖区单位的所有党员的参管权、对组织关系不在辖区单位但住在社区的党员的协管权。

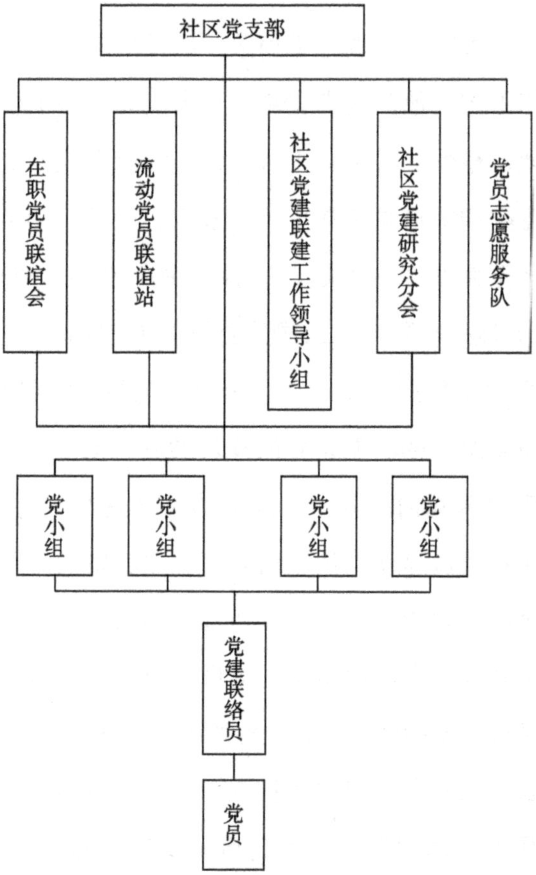

图5－1　社区党组织网络结构图

来讲是一个群众自治组织，而且居委会负责社区管理工作的工作人员并不具有行政主体资格或者说其并不是传统意义上的国家公职人员。另外，行政组织似乎不仅向社区居委会传递了许多行政命令，而且行政考核也落在居委会上，使得居委会像个水龙头，谁都可以拧一下。

居委会的尴尬局面是社区行政建设矛盾状况最真实的反映。一方面，国家试图将政治行政权力渗透到最基层的社会层面。另一方面，其财政限制使行政组织难以发展和延伸到基层社会。因此，只能依靠不依赖国家财政资源的居委会来完成政府的行政监督职能，但这使得居委会的职能与其权力不相称。

2019年3月，新的社区制建设确定了长堤社区居委会体制的转变方向，具体是：第一，理顺关系。社区居委会与街道政府职能部门的关系是“指导与协助，服务与监督”。[1] 第二，明确职能。长堤社区居委会只承担原来由街道办事处与居委会共同承担的40项职能中的8项，13项由职能部门直接承担、社区居委会协助，19项由街道各部门承担。第三，权随责走，费随事转，责权利配套。确立以社区居委会为中心，条块结合、以块为主的责权利的社区管理体系。通过这种方式，社区居委会初步形成了社区居委会主任—社区居委会副主任—居民小组长—门栋长—关照员工作网络。

协商议事会作为一种组织和机制，可以有效地整合党支部、社区居委会、社区社会组织和社区居民各个攸关团体的事务。协商议事会遵循“协商”原则，其成员可以利用各种能力、影响力和资源将谈判结果付诸实践。作为社区党支部领导下的社区成员代表大会的替代组织，协商议事会组成了一个非正式的权力网络，以支持社区的公共权力。社区党支部书记兼协商委员会主任傅荣珍说：“协商会议对我来说是一项非常重要的任务，通过协商可以做很多事情。”满春街道卫生中心主任、协商委员会委员王春英说：“大家都是邻里乡亲。如果有什么可以坐下讨论沟通协商的话，问题就会很快

---

[1] 江汉区人民政府关于适应社区建设需要 推进政府职能转交的意见，满春街办事处关于实施管理体制创新 推进职能转变的意见［M］//武汉市江汉区社区建设指导委员会办公室编. 江汉区社区建设资料汇编（内部资料）.

解决。”

与此同时，协商议事会也作为一种整合机制，能有效地整合各种社区资源，以促进以社区为基础的建设。各种社区治理主体和社区组织都被协商议事会建立起来的权力秩序和组织网络所吸纳，并根据它们对社区公共事务的贡献大小来确定网络结构中的作用和地位。

二、权力的重组与分化

早在1997—1998年，武汉市委、市政府就提出“学习上海，推广武汉”，实施城市“两级政府，三级管理”制度，旨在加强行政职能街道办事处和居委会的服务。然而，当时它没有涉及组织框架的变化和政府职能的转变。自2012年以来的社区改革侧重于组织创新和权力重组以及权力结构调整，社区居委会的内部组织结构和权力结构发生了重大变化。

长堤社区体制改革的重点是权力下移。“权利与责任同在，费用与事情有关”，分解政府和社区的权力，并加强社区居委会的权威。2012年3月，长堤开始按照街道办事处的统一安排建立四大组织：社区党支部、社区党员代表大会、社区居委会、社区咨询委员会，试图组建以社区居委会为中心，基于块的社区管理系统，以统一权利和责任。

社区居委会享有以下权利：初步审查的低安全性申请；初步审查的社会援助申请；初次审查的特殊住房租金、学费和杂费；初次审查的残疾许可证申请；非认购的残疾家庭登记一审的权利；残疾人就业安置的初审权利；婚姻登记的初审权利；首次调查出生指标声明的权利；核实移民结婚和分娩证明的权利；第一次人口结婚和结婚证的权利；私人住宅重建和重建规划管理初步审查权。

社区居委会的权利在社区改革进程中发展较为缓慢，伴随的还有领导（社区党支部）和决策（社区成员代表大会）、讨论层面（社区咨询委员会）和工作层面（社区居委会）的分离，工作层面充实了接受过高等教育、高水平、懂管理和能力强的人。在半年一次的社区成员代表大会上，社区居委会行使社区工作者豁免权、内部公共事务决策权、财务自治权、民主管理监督权和社区事务日常管理权。

社区成员代表大会被明确规定为决策层、最高权力机构，代表享有选举权和表决权、监督权、罢免权、审议权、调查权、提出议决权。居民代表由居民推选产生，社区单位代表由单位指派，社区代表 53 人中有 3 名单位代表，按照社区成员代表大会召集人、社区党支部书记傅荣珍的说法：“从制度上承认社区单位作为社区成员的权利，有利于共驻共建、资源共享。”

在建设“社区”过程中，社区党支部的权力也在悄然发生变化。党支部对社区党员享有直管权、参管权、协管权。长堤社区有 52 名成员，由退休党员组成。由于组织关系，现任党员与组织有关联，但与社区党支部没有组织关系。因此，他们不能被社区党支部系统吸收，他们在社区治理功能方面只是辅助。

社区的领导机构是由 3 人组成的支部委员会，书记由街道党工委指派，副书记由社区居委会主任兼任，委员由党员代表大会选举产生，其人员结构如表 5－2 所示。

表 5－2　长堤社区党支部成员及其职务

姓名	性别	年龄	职务	学历	原来担任工作
傅荣珍	女	53	党支部书记	大专	街劳动服务公司经理
龚崇明	男	52	党支部副书记（兼任居委会主任）	大专	华中航运集团公司货运中心经理
周焕英	女	61	委员	初中	长航武汉燃料站党支部书记

作为领导层的支委会议每月举行一次，日常性的决策则由支部书记傅荣珍与兼任居委会主任的支部副书记龚崇明以非正式的方式讨论协商决定，而不是通过支委会议作出。由于党员年龄偏大，行动不便，党员会议的参与程度也不高，到会人数基本上只能保持在半数多一点。更重要的是，党支部的日常活动如民主生活、政治学习与社区治理本身相当疏远，但是由于组织生活中也包括对社区公共事务进行沟通和动员的内容，因此，也并不排除党员在支部活动中对社区公共事务发表意见，进行利益表达，从而影响决策的可能性。这样，这种“支部建在居委会上”的体制通过党政系统人员交叉任职来实现，即由居委会主任龚崇明兼任党支部副书记。这一交叉任职的关键之处并不在于党支部本身，而在于党支部书记由此可以通过组织关系而驾驭居委会的工作，从而为党组织权力直接介入社区治理提供了合法性和制度基础。

社区协商议事委员会作为社区建设过程中的组织创新，也参与社区公共权力的分配。根据地区街道规定，长堤社区协商议事委员会由 9 名成员组成，包括社区单位、社区精英、居委会主任和支部书记。协商议事委员会主任是党支部书记。社区居委会主任是当然副主任。理事会具有审议、监督和决策的权力。它有权执行每日社区成员代表大会，并更换和重新选举社区居委会成员。具体表现如下：对社区建设的重大问题提出建议和意见，与社区有关方面就社区居民关心的问题进行协商，并向社区居委会和社区成员代表大会反馈意见；通过社区会议和社区与各政府部门的其他工作组织，为民主评议和社会监督提供意见和建议。[1] 事实上，理事会的工作会议每季度举行一次，涵盖社区几乎所有主要的公共事务。

表 5-3 长堤社区协商议事会重要会议活动摘要

时间	地点	主持人	出席人员	主要内容
2016 年 5 月 25 日	原得胜居委会	党支部书记	议事会全体成员、社区居委会成员、社区党员代表、社区单位代表	(1) 协商议事会成立，选举正、副主任 (2) 签订社区共建协议
2016 年 9 月 24 日	居委会会议室	议事会主任	议事会成员 9 人	(1) 讨论协商议事会章程，规定会议与工作制度 (2) 讨论解决福建街小学学生安全问题 (3) 决定检查社区安全、卫生等工作，迎接国庆节
2017 年 12 月 20 日	居委会会议室	议事会主任	议事会成员 9 人，社区党支部、居委会干部	(1) 2017 年议事会工作总结 (2) 讨论社区乱停车问题、社区治安、卫生工作、敬老活动
2018 年 2 月 1 日	居委会会议室	议事会主任	议事会成员	(1) 讨论春节防火、防盗问题 (2) 讨论建立社区花坛具体事宜
2018 年 9 月 18 日	居委会会议室	议事会副主任	议事会成员、居委会干部、小组长	(1) 讨论拖运垃圾问题 (2) 决定社区运动会事宜

[1] 长堤社区居民委员会编．长堤社区自治章程（内部资料）．

续表

时间	地点	主持人	出席人员	主要内容
2019 年 1 月 17 日	居委会会议室	议事会主任	议事会成员、居委会干部、社区单位代表	(1) 听取 2018 年社区居委会工作回顾 (2) 讨论如何与社区单位共建文化长廊

这种在建设社区中重新分配权力和重组权力关系的过程主要局限于组织层面。那么什么资源可以对组织权力进行如此大的调整呢？笔者认为自 2000 年以来推动社区建设的资源如下。

（1）政治资源。自 2012 年 2 月江汉区被指定为“全国社区建设试验区”，市政府决定推进市区社区建设以来，江汉区委、区政府发布了《武汉市江汉区社区建设工作指南》。4 月，将最初的 248 个居委会合并为 112 个社区居委会。《江汉区政府社区建设工作试点计划》（江发 2012 年第 5 号文件）和《满春街社区建设实施计划》（满发 2012 年第 13 号文件）分别规定了 5 个自治权和 13 个可以委托给社区的项目居委会。共同管理权和 4 个监管权力规定了长堤社区组织体系建立的“新内阁”，为权力转移提供了强有力的政治支持。

（2）财政资源。在 2012 年武汉市委、市政府发布的《关于改革城市基层管理体制和加强社区建设的意见》文件中，明确提出了为社区工作筹集资金的基本途径，即“财政支持，费用各不相同，社区提供，社会赞助”。长堤社区居委会的财政资源主要是政府（市、区、街）财政拨款（办公费用和社区居委会工资补贴）、社区自助提供（社区资产收入、社区文化活动收入、社区服务收入、收费、转移收入）和社会支持。政府的财政拨款主要基于区域和街道的财政投人。长堤社区的主任和秘书是600元/月，副主任是550元/月，委员是500元/月，社区每月办公费用为900元，城市、区和街道分别负责40%、40%和20%。此外，根据"收费"的改革思路，区政府有关部门的部分工作经费分配给社区。社区自筹资金主要是指原居民委员会的现金积累和经营资产收入。社区重组后，长堤社区拨款20.3万元现金，分配13个经营性房产，面积453.8平方米，年收入8928万元。[1] 社会救助是指社区单位通过联合建设提供的财政支持，按照"谁是受益者谁付出原则"在社区内筹集资金。长堤社区建立的"社区自我保护团队"已经从11个社区单位收集了1000~5000元人民币。

（3）人力资源。长堤社区党支部书记傅荣珍是街道劳务公司的秘书，派她到秘书处推动组织改革。社区体制改革后，长堤社区形成了一个三级网络，即社区居委会—集团领导人—活动家。共有5名董事，副董事和社区居委会成员由社区成员代表大会选举产生；居民推荐23个居民小组的负责人，积极参与居民事务。团队领导和活动家是社区成员代表大会的代表，社区咨询委员会的9名成员由社区单位代表和社区精英组成。这些精英资源在社区改革后的社区权力结构过程中起着决定性的作用。

三、社区精英的角色和行为

社区精英是指拥有一定的优势社会资本，参加社区公共权力的

[1] 资料由长堤社区居委会提供，分别是长堤社区现金账户登记表、长堤社区房产情况登记表。

配置与运行，能够对社区公共政策和社区公共事务产生影响力的人群总体。主体包括：社区党支部、居委会干部；社区所有成员和咨询委员会成员，包括社区单位代表；常驻团体领导、照顾者和社区活动家；社区党员。

他们的政治地位、行政权力，或者社会或文化权威，或者经济实力，导致他们可能拥有更有利的社会资源能力。因此，他们比普通社区居民更有领导或参与社区公共权力的配置和分配的积极性，从而导致对社区公共事务产生影响。其中，党支部和社区居委会干部是社区公共权力的直接经营者。他们通过各种管道动员和组织普通社区居民参与社区公共事务。同时他们也是社区决策、治理和执行的领导者。因此，这部分构成比较稳定，它实际上是围绕社会公共权力的政治和行政精英。随着社会治理重心向基层社区的转移，社区社会组织也需要参与到社区公共事务中来，实现社区公共空间的共生、共存、共建和资源共享。因此，社区单位的代表也是政治精英。在市场经济中崛起的富人，特别是那些勤劳、富有社区意识的富人，在社区公众参与中占有重要地位。这部分人口更能反映出获得经济机会的经济特征，是改革开放以来中国政治结构向政治—经济—社会发展的社会结构的必然反映。中国社会的传统文化特点，导致社区治理过程中对文化资源的依赖更强，社区的文化名人比普通社区居民更有可能参与社会领域的社会事务。这两种类型的人可以包括在社会精英的范围内。

在长堤社区建设的制度框架内，社区精英参与公共事务的制度化渠道主要是社区成员代表大会和咨询委员会。社区成员代表大会是居民委员会组织法中居民代表制度的重大创新。它在制度规则方面是社区中的最高权力机构，但它实际上接受了社区党支部的领导。

由居民小组选出并经街道民政科批准的居民代表可以成为社区成员的代表，社区单位的代表由该单位任命。从社区成员代表的构成来看，它包括以下方面的人：所有党支部、社区居委会干部；所有党组领导、常驻组长、护理人员；部分党员积极分子社区单位负责人；其他有影响力的居民。因此，社区中最有影响力的人最容易受到社区成员大会的关注。社区成员的代表每届任期为三年，并在同一社区委员会进行推进和撤退。这使代表们有时间了解并熟悉社区事务。此外，该系统要求成员会议至少每六个月召开一次会议，为代表们提供了更多的讨论机会。因此，在党支部和社区居委会的领导和运作下，社区党员代表大会已成为一个对社区治理产生重要影响的组织。这可以通过社区成员大会的活动频率、审议的内容以及对治理精英成员参与有效性的积极认可来证实。

表 5－4　2017 年 4 月—2019 年 3 月长堤社区成员代表大会重要活动简况

时间	地点	主持人	到会人数	主要议题	表决结果
2017 年 4 月 13 日	原得胜居委会文化室	党支部书记	45	选举产生社区居委会 5 名正式候选人	45 人赞成
2018 年 4 月 18 日	满春街办事处四楼	党支部书记	47	确认社区居委会 5 名正式候选人当选为社区居委会成员	47 人赞成
2018 年 5 月 25 日	长堤社区居委会	社区居委会主任	43	（1）通过长堤社区协商议事会成员名单 （2）通过长堤社区自治章程	43 人同意
2019 年 1 月 15 日	长堤社区居委会	社区居委会主任	48	通过长堤社区建设和发展的三年规划	48 人同意

续表

时间	地点	主持人	到会人数	主要议题	表决结果
2019 年 1 月 27 日	长堤社区居委会	党支部书记	46	（1）审议 2018 年社区居委会工作总结 （2）审议社区协商议事会工作总结	46 人同意
2019 年 2 月 30 日	长城堤社区居委会	党支部书记	43	确认下届社区居委会换届选举事宜	43 人同意

表 5－5　对社区成员代表效能的测试及代表的回答

问题	回答及回答人数
1. 作为成员代表，你认为成员代表在决定社区的事情时作用重要吗？	重要：13 一般：12 没有用，纯粹是形式：5
2. 你在社区成员代表大会上同意会议议案是因为：	议案正确：23 会议已决定不同意也没有用：4 成员代表都同意所以我也同意：3
3. 你作为成员代表对会议议案是否提过不同或反对意见？	经常提：18 有时提：10 从来不提：0 未回答：2
4. 你认为单位代表能促使社区单位与社区共驻共建、资源共享吗？	肯定能：17 未必：6 不能：7
5. 你认为成员代表能监督社区干部吗？	能：9 能，但实际作用不大：14 不能：7

＊ 该测试为一项专门对社区成员代表的调查问题。为确保真实性，测试以匿名方式进行，受试者为 30 位非社区干部的成员代表（包括单位代表），以随机方式产生。

社区精英参与公共事务的另一个制度化渠道是社区咨询委员会。长堤社区自治条例对社区相关事务作出相应的规定，具体表现为如下几个方面，其一为社区协商委员会是处于一种中介机构的地位的，其主要负责代表社区成员代表大会开展相应的日常工作。其二为社区协商委员会是一种创新发展形式，它主要代表和维护社区居民的公共利益，但是在具体工作的开展中其接受社区党支部的领导。其三为社区协商委员会通过加强与社区居委会以及社区社会组织之间的沟通和交流，以此来反映社区成员对于社区治理的意愿。其四为社区协商委员会所推行的诸如定期会议制度等为社区精英更好地参与社区治理提供了良好的条件和平台。

在实地调查中，笔者发现社区精英的理性参与和有效治理不仅与规范化、制度化的工作机制有关，而且与社区精英群体较高的个人素养也是密不可分的。一般来说，在社区公共事务中具有较大影响力和权威的人具有较高的教育水平、较高学历、广阔的视野和灵活的思维。在复杂的社会事务中，有很多方法和许多想法、丰富的社会资源和强大的处理能力是他们的共同特征。长堤社区协商议事会的大多数成员都有良好的政治认同感、较高的地位和更多的社会资源。

表 5－6　长堤社区协商议事会成员情况

职务	姓名	性别	政治面貌	年龄	学历	社会身份
协商议事会主任	傅荣珍	女	党员	53	中专	长堤社区党支部书记
协商议事会副主任	龚崇明	男	党员	48	大专	长堤社区居委会主任
委员	周焕英	女	党员	61	初中	长堤社区党支部委员
委员	叶世珍	女	党员	48	中专	武汉市第三皮件厂退休干部

续表

职务	姓名	性别	政治面貌	年龄	学历	社会身份
委员	杨业龙	男		60	中专	武汉精密铸造厂退休工人
委员	聂国儒	男	党员	68	中专	武汉市江夏区五里镇镇政府退休干部
委员	徐幼兰	女		47	高中	武汉市汉阳洗染厂退休工人
委员	梁玉华	女	党员	66	中专	武汉锁厂退休干部
委员	王润英	女	党员	52	大专	江汉区满春街环卫所所长、区人大代表

进一步的研究发现，社区中各种社会精英的获得与获取公共身份无关。社区精英参与社区公共事务往往能够获得相应的公共身份，而且这也是一种必然结果。相比较而言，我们会发现很大一部分社区居民也具有非常高的个人素养，同时也拥有一定的社会资源和社会地位，但是为何他们的这些资源却未能够成为社区公共权力的重要组成部分，其中很大一个原因在于他们在开展相关活动的过程中未能够在社区中公开自身的身份地位。相关研究表明社区精英同社区公共利益的契合点在于“公共身份”这一点上，社区精英需要良好地投入到社区公共事务的建设和管理当中去，同时他们也获得了社会对其的认可。此外，社区精英通过加入社区权力结构，进而在其中明确了自身所扮演的角色和所享有的地位。

人物一：成员代表李，男，50 岁，中共党员，街市政所所长，社区协商议事会委员，区人大代表。李告诉我们：“作为社区社会组织代表，就是要沟通社区组织与社区居委会的联系，实现共存共驻共建，资源共享。作为辖区社区组织，我们会全力支持社区居委会工作的，再说，我们的工作也需要社区配合。我既是社区成员代表大会代表，又是协商议事会成员，更有责任发挥好桥梁和纽带作用，处理好社区组织和社区关系，为居民办实事。”

人物二：协商议事会委员王，女，65 岁，中共党员。她告诉我们：“我们是协助社区居委会工作，帮忙它们服务社区居民和社区成员，对社区公共事务提提意见和建议。我的最大的权力就是监督和评议社区干部，促进他们的工作更进一步。”

人物三：社区成员代表韩，男，56 岁，中共党员，居民小组长。韩说：“居民小组长就是把社区的话传到社区居民中去，把居民的意见和建议反馈给社区居委会，作为社区成员代表，要帮助居民解决具体的实际困难，协助居委会做好各项工作。”

人物四：社区成员代表蔡，女，36 岁，社区居委会副主任。蔡告诉我们：“社区成员代表就是要教育社区居民，动员所代表的社区居民积极完成社区居委会布置的各项工作任务，在工作中起模范带头引领作用。我又是居委会干部，经常与街道打交道，随时随地地、可以经常向街道反映社区居民的意见、建议和需求。”

社会精英在参与社区治理过程中同政治精英形成的良性互动得益于较高的个人素养以及社区公共利益的积极构建。国家层面也非常支持这部分人能够在社区治理过程中发挥积极的作用，而对于社区经营者自身来说，他们也希望能够通过积极参与社区治理，进而良好地体现自身的地位和身份，进而赢得社区对他们的尊重，也可以获得相应的荣誉。因此，尽管不是每个社区精英都能在社区公共事务中发挥重要作用，但作为一个群体，他们的角色对所有人来说都是显而易见的。在很大程度上，正是由于政治精英的有效治理和社会精英的制度化规范化，社区的发展才能有条不紊地进行，社区治理的显著特征已经初步形成。

第六章　契约化与组织化：权力的适度分化

当条块结合、以块为主的社区组织权力结构初步形成以后，事权统一、权随责走、费随事转和功能互补、协作共生的原则限定了政府与社区的权限，在双方合作过程中，社区环卫和社区治安是社区治理中两个最为重要的内容。

一、契约化的社区环卫[1]

长堤社区环卫机制改革的重点是区街环卫部门与社区的适度分权。区环卫局根据区《关于适应社区建设需要，推进政府职能转变的意见》的文件指示精神，专门制定了《江汉区市容环卫局关于社区卫生运行机制改革实施方案》。该《方案》确定了“重心下移，权随责走，费随事转，责权利配套”的原则，试图改变街道环卫所既是社区卫生环境的安排者，又是生产者和监督者，拥有决策、管理、监督、实施等所有权力的现状，建立一个以社区组织为主体，

[1] 陈伟东．政府与社区：共生、互补、双赢［J］．新华文摘，2001（9）．

街道办事处指导协调服务，政府职能部门密切配合，社会各界支持，社区成员共同参与的社区环卫运行机制。

按照江汉区政府关于转变政府职能，理顺政府部门与社区关系的精神，满春街道具体实施环卫体制再造，以长堤社区为试点进行社区环卫机制和组织方面的创新。

长堤社区环卫机制再造的创新点在于形成了条约化和契约化运行模式，即区街环卫部门规划并管理环保环卫工作，社区环卫站主动选择服务对象，作业单位竞争上岗的运作机制，如图 6－1 所示。

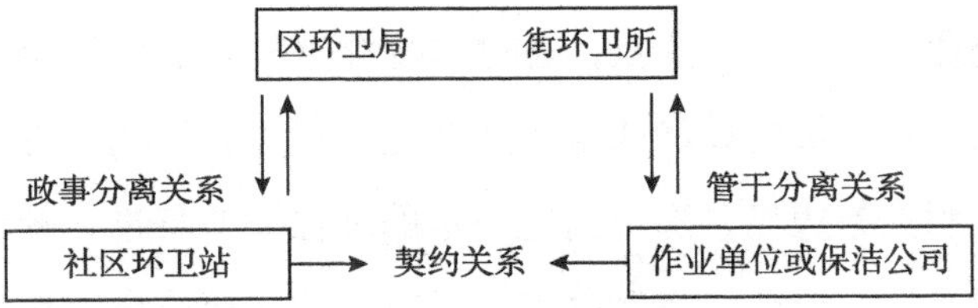

图 6－1 长堤社区环卫运作机制图

其特点包括：其一，按“政事分开、费随事转”原则，社区环卫站区与街环卫部门两个部门之间的政事分离关系。区街环卫部门将四项权力下放给社区环卫站：一是决定权的下放，由社区环卫站自主决定环卫作业工作单位、环卫作业方式和方法；二是使用管理权的下放，将街道环卫所拥有的清理运送设备移交给相关社区环卫站使用管理；三是维护权的下放，相关社区环卫站自主承担环卫基础设施运营和维护工作；四是作业经费使用管理权的下放，环保环卫部门将收取小区住户的卫生费用返还给街道所管理的环卫所，环卫所精确统计各社区所需要的环卫作业量，并按比例将其分配到分散在各社区的环卫站，环卫站进而按照本区工作量的大小自主分配资金的使用。相关的环卫部门主要享有以下三项权利：一是收费权力，区环卫局统一收取卫生费，社区环卫站予以辅助，但不作为收费的责任主体；二是核定权力，按国家路段等级标准，统计核算社区卫生清扫面积，核算社区垃圾生产量，核定环卫作业经费；[1] 三是服务指导权力，区街环卫部门协助和帮助社区成立环卫站。[2] 其二，环卫单位之所以能够从环卫所中独立出来，就是为了自负盈亏，参与行业市场竞争，进一步提升自身竞争力和经济效益。街环卫所与作业单位或保洁公司之间拥有干管分离关系。街环卫履行相关规章制度所规定的管理职能，并审核相关环卫企业或单位的资质并进行等级评估，并由相关工商部门登记造册。其三，社区具有指定相关环卫公司、企业、单位的自主权，通过招投标这种企业间竞争并相对公开透明的方式，最终择优选定相关单位，双方在协约上签字，厘清双方的权利义务边界，协商制定一定的环保作业标准；社区居民和社区组织对作业单位拥有监督权；同时，社区要定期对区街环卫部门的管理行为进行民主评议，从而形成社区环卫站与作业单位之间的契约条约关系。

在长堤社区环卫机制运作中，权力在政府、社区居委会、企业和居民中被适度分解。

1. 政府、社区居委会和居民都是制度的制定者

政府作为制定者，其职能在于：一是提供体制机制改革的路线

---

[1] 陈伟东．社区治理与公民社会的发育［J］．华中师范大学学报（人文社会科学版），2003（2）：27. 之所以要由政府部门来负责收费，其一，政府部门负责收费已成惯例；其二，地方政府部门和社区组织均认为收费应是行政管理主体的职责，只有具备行政管理主体资格，才具有收费权力。

[2] 卢爱国．使社区和谐起来：社区公共事务分类治理［D］．武汉：华中师范大学，2008.

方针政策依据。区委和区政府制定了《关于适应社区建设需要推进政府职能转变的意见》，区环卫局制定了《江汉区市容环卫局关于社区运行机制改革实施方案》。这为改革提供了基本的方针政策依据，属于“集体选择规则”，这是制定社区环卫“操作规则”的依据。[1]二是制定规划，包括确立卫生等级标准、丈量社区环卫面积、核算社区垃圾生产量、确定收费标准以及核定环卫作业经费等[2]，政府规划的合理安排有效地降低了管理成本和运营成本，比如信息采集成本、谈判协商成本、落实成本等。社区居委会和社区居民作为规则制定者，其职能在于：共同成立招聘小组、起草条约合同、签订合同、协商合同条款事项、执行合同规定等活动。在资金的供给上，除社区居民按照相关规定缴纳卫生费外，社区居委会也从社区公共服务收入中抽出一部分管理资金用于资金的供给。在资金的管理上，社区居委会与居民共同协商并制定财务管理制度与财务公开制度。

2. 社区环卫作业单位和居民都是生产者

社区环卫作业单位作为企业是主要的生产者，也是相对独立的个体生产者，从街道环卫所分离出来，它们可以自由决定怎样生产、如何生产、为谁生产，也可以自主参与市场选择和竞争(见表6－1)。社区居民也是生产者，社区环境卫生的保持需要居民的自我约束和

---

[1] 宪法选择规则、集体选择规则、操作规定是奥斯特罗姆进行多层次制度分析所使用的一组概念，在进行多层次分析时，可以把操作规则作为内生变量，把集体选择规则和宪法选择规则作为外生变量，再结合环境考察，可以较好地分析社区治理结构和治理机制的多样性、复杂性和动态性。参见［美］埃尼诺·奥斯特罗姆．公共事务治理之道［M］．毛寿龙，译．上海三联书店，2000.

[2] 陈伟东．城市基层社会管理体制变迁：单位管理模式转向社区治理模式——武汉市江汉区社区建设目标模式、制度创新及可行性研究［J］．理论月刊，2000（12）：3－9.

自我管理，爱护社区环境，不乱吐痰，不乱丢垃圾，如果“前脚扫后脚丢”，社区卫生状况永远不会好转。长堤社区的《长堤社区文教卫生工作委员会职责》和《居民公约》都有关于爱护卫生的规定，在《长堤社区文教卫生工作委员会职责》的第5条和第7条中就有爱护环境卫生相关内容（见表6－2）。

表6－1　长堤社区文教卫生工作委员会职责（节选）

五、督促辖区单位搞好环境卫生，发动群众采取措施，为消灭“四害”出主意，想办法美化环境。
七、搞好社区环境卫生，日产日清，实现袋装生活垃圾日常化，无卫生死角，保持楼院内外的环境卫生整洁，并带领社区居民植树养花，种树种草，绿化美化社区环境。

表6－2　长堤社区环卫作业单位制度规则❶

职责	服务承诺（对社区居民）	监督方式
1. 严格按照合同相关要求进行卫生作业。 2. 卫生死角、房前屋后卫生清扫保洁。 3. 环卫垃圾按时清运。 4. 严格垃圾贮存点（容器）管理。	1. 每日打扫1遍，持续保洁，保证达到环境卫生标准。 2. 每日巡回收运垃圾1遍，无垃圾残留，无卫生死角。 3. 保持环卫使用工具的整洁和干净。 4. 垃圾做到日产日清，密封收集和运输。 5. 社区装修维修建筑垃圾等有偿服务。 6. 公开服务收费标准和等级，居民卫生费定月收取，每月15元，建筑垃圾、装饰垃圾100元/板车。	1. 乐于接受社区居委会、区街环境卫生部门、社区居民的监督和考评。 2. 社区居委会每半年进行一次集中考核，社区代表大会每年集中评议一次，对不合格者社区居委会可以责令社区环卫站与作业单位解除条约合同，另聘环卫作业单位。 3. 接受来自任何形式的监督。

❶　资料来源于长堤社区公示牌。

3. 社区居委会和居民都是监督考核者

社区居委会和社区居民按照合同条约规定，对社区环卫作业单位进行监督和考核；按照《长堤社区居民公约》，社区居民之间互相监督和自我约束；按照社区民主评议考核制度，社区对区街政府部门的管理行为每年进行一次评议。社区环卫供给体系由过去政府垄断专任制转变为政府、社区、企业的多元化合作体制，相关的实施权、决策权、考核权、监督权在政府、企业、社区之间分化和分离，降低了环卫实施运行成本，改善了社区环卫状况，提高了社区居民的满足感。

二、社区治安的组织机制

在基层社区治理和权力良性运行中，基层社区能否制定并实施良好有效的组织机制是非常重要的一项工作。尤其是对正处于迈向国家治理能力和治理体系现代化的中国而言，全社会的稳定在一定程度上基于城市的稳定，更基于城市基层社会的稳定。同样，城市社会的最基本构成单位——社区在城市社会的稳定中起了最为基础最为关键的作用。因此，社区中实施良法善治，既能够为社区的和谐有序提供相对稳定的根基，营造良好的区域环境，又能够将良好的示范作用传导给整个社会，为其治安和稳定状况提供良好的基础。在长堤社区，社会公共安全机制更多的是受到国家制度安排的影响。

社区治安责任制是江汉区政府为了确保治安状况良好而采取的

一种职责明确、功能互补的公共事务的治理之道。为进一步满足社区治安工作的现实需要，区政府通过文件或规章等方式明确划清了区公安分局、派出所与社区三者之间的权利义务关系，明确了社区民警和社区居委会各自的权责和职能，推行社区自我服务承诺制、自我管理承诺制和民警服务承诺制，形成了社区民警与社区组织之间的良性互动、优势互补的治安运行机制，进而形成了治理社区公共安全的系统化、组织化的运作体制和体系。

《江汉区人民政府关于适应社区建设需要推进政府职能转变的意见（试行）》明确规定："政府相关职能部门与社区居委会的关系是服务与监督、指导与协助的关系。"[1] 就区公安机关、街道派出所与社区居委会的关系而言，一方面，区公安分局、街道派出所"指导社区居委会组建治保委员会、治保组，组建社区安全保卫服务队、义务巡逻队，协助社区建设安全防范网络体系"；另一方面，根据社区居民对社区公共安全的需求，依据治安管理的相关法律和法规，按照"五个到社区"即"工作任务到社区，人员配备和机构设置到社区，经费到社区，服务承诺到社区，监督考核到社区"的需求，强化社区民警的服务功能。[2] 此意见对明确区分局、街道派出所和社区间的权利义务关系具有基础性作用。表6－3列举了长堤社区民警与社区居委会各自的职责划分。

---

[1] 张骏，李旭东主编．江汉区社区建设指导委员会办公室和华中师范大学城市社区建设研究中心编．社区工作手册［G］．（内部资料），2012：21、41.

[2] 陈伟东．政府与社区：共生、互补、双赢——以武汉市江汉区创新社会治安运作体系的实验为例［J］．华中师范大学学报（人文社会科学版），2001（6）：27.

表 6-3 长堤社区民警与社区居委会的职责划分

责任主体	社区民警	社区居委会
职责划分	1. 整理、收集和反馈社区公共安全方面情况，做好治安处理工作。 2. 依照法律和法规加强对于社区各类人口的管理和服务工作。 3. 协助社区管理和管理负责片区内社会组织、特种行业和公共娱乐场所。 4. 提供破案线索，协助抓捕本责任区的逃犯和犯罪嫌疑人。调解民事纠纷冲突、查处或协助查处社区内的治安案件和治安隐患。 5. 其他应当管理的事项。 6. 动员居民开展社区治安防范工作、指导治保会工作。	1. 开展公共安全教育活动、法制宣传教育活动，防火、防盗、防特、防灾事故的教育。 2. 协助社区居民开展群防群治，开展邻里互助，门栋关照，定期值班检查巡逻。 3. 动员居民和社区社会组织落实技防措施，管理大门、车库、防盗门等硬件建设。 4. 防止社区居民矛盾激化，依法调解本社区区内民事纠纷冲突和情况轻微的刑事纠纷。 5. 动员社区居民检举揭发坏人坏事和各项违法犯罪活动，对于其他违反治安管理法律法规的行为进行劝阻和制止。 6. 协助政府和公安派出机关，依法监视居住被管制、假释、缓刑、监外执行和被剥夺政治权力的罪犯，监视、考察和教育取保候审的被告人。 7. 落实流动人员和居住人口及出租户的管理服务工作，协助社区民警完成居住人口教育、签证、发证。 8. 及时向有关部门反映可能引起严重危害公共安全和治安后果的情况，做好疏导教育工作。 9. 及时反映社区居民对公共安全工作的意见，提出建议和要求，协助做好司法行政服务工作。

培育社区自我服务功能的另外重要一环是社区民警与社区居委会的职责划分。长堤社区安装了社区警务公示栏，并进行警务工作的实时更新。通过推进社区警务公开化和社区警务评价机制，增强了社区警务的透明度，消解了公共安全产品短缺造成的供需之间的矛盾并形成了有效沟通、合理分配治安资源的路径（见表6-4）。

表 6－4　社区信息公开情况

社区民警公开服务承诺相关内容	社区民警公开服务的具体内容
公开社区民警服务承诺主体信息	公布社区民警姓名、社区民警照片、社区民警编号、社区民警联系电话
公开社区民警服务承诺项目、质量要求、时限信息	第一，社区民警 24 小时接受社区居民求助求救。
	第二，社区民警每周在社区居委会办公时间不得少于 30 小时，对社区居民在社区警务室的留言求助，社区民警要及时受理和尽快解决。
	第三，社区民警对不属于本人职责范围内的群众求助求救的事项，要做好笔录工作，通过细心解释，帮助群众找到可以合理表达诉求的途径。
	第四，社区民警对小区居民身份证、居住证、房屋出租许可证，依照法定规定尽快高效办理，做到送证上门。
	第五，对于社区居民拨打 110 求助，派出所要力求做到有警必接、接警必出、出警必妥，及时有效地解决社区居民的矛盾纠纷。

在实行以上措施的同时，社区治安公示牌也详细介绍了社区民警的姓名、照片、服务项目、具体服务时间、考核监督机制等。由此，基于履行社区民警服务承诺和社区服务承诺而形成的横向协作式的组织网络。图 6－2 就是社区民警与社区自我服务的社区治安网络。

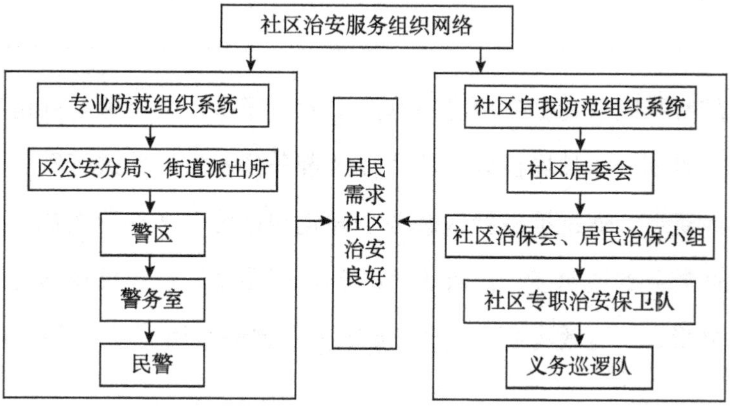

图 6－2　社区治安服务组织网络

表 6－5 社会治安服务制度

社区治安服务制度	具体内容
划分警区责任区	长堤社区作为一个责任区，需要配备 1 名民警，建立固定的警务工作室，作为社区民警工作的场所。
建立两套组织系统	自我服务组织由社区居委会、社区治保会和居民治保小组、保安队、居民义务巡逻队组成。
明确权利关系	对于民警服务组织系统，以集中统一为指挥基本原则，严格执行领导与被领导的权责关系；社区治安自我服务组织系统内部的专职安保巡逻队员实行招聘招考制，社区居委会与安保队员之间是契约合同关系，而居民治保小组和义务巡逻队主要靠非正式制度来维系，即依赖于居民自我管理和自治意识，属于权利与义务的对等关系。

上述制度天然形成了两大组织系统——以政府为代表的治安管理系统和以社区自组织为代表的治安治理系统，两大组织系统之间围绕如何能够最大限度地满足社区居民对社区公共安全的需求展开相互协作。作为社会治理中重要组成部分的社区公共安全，不仅需要借助政府依法行政来实现“由治达安”的过程，更需要借助社区多元主体的力量，以满足社区居民对自身安全的需求为导向，在强化公安等政府部门依法行政、打击违法犯罪活动的同时，又要加强社区自组织的配合协作功能，预防治安案件的发生，使得两大系统功能优势互补。从治理的角度出发，建立两种体系相互协作的体制机制，进而在社区形成“由治达安”的善治局面。

第七章　社区公共权力秩序的调控与维系

针对基层社区治理的路径选择方面，无论是街道、居委会、社会组织还是居民，他们在基层社区治理过程中普遍利用“惯习”（habitus）与“资本”（capital）两种方式进行权力的争斗，因此，社区也成为不同权力主体争夺利益以及利益有序运行的空间，并且在利益的自我满足过程中出现规则、方法、人力、资源、场域等方面的选择、交易及勾兑，不同利益攸关方——尤其是个体参与者——由于在其行动路径选择的过程中其自身权力的建构基础存在差异，便可能存在“对立”“联盟”“协商”“冲突”“妥协”等关系，这些利益运作方式在现实生活中也体现在长堤社区对社区公共权力秩序的调节和维系上。

一、长堤社区权力结构与运行模式

社区的权力构造体系是社区在相关权力、利益配给以及运行过程中所形成的相对稳定的构造体系。它在很大程度上反映了社区权力和利益的分配状况。社区权力、利益的构造可从以下两方面进行研究：其一，基层社区中存在的不同权力主体间和组织权力、利益构造关系以及其离散状态；其二，基层社区中权力、利益的配给模式、运作模式以及集聚状态。

在长堤社区治理过程中，通过民主协商、协商一致、合作行为形成社区组织间的权力网络。并且社区希望努力构建起同政府组织垂直运作体系相类似的平行结构体系，但这种垂直运作体系及基层社区之前的相关规章制度的投入同政府组织结构的投入并不协调。社区的历史传统与现实生活很难演变为基层社区的正常权力运作机制和行为模式。

从长堤社区的权力、利益分配和社区重大事务决策机制来看，社区内组织和个体按照谈判合作和民主协商的方式运作。一般来说，重要的社区公共事务可以分为两类：常规性事务和非常规事务。根据各自的经验和实践，区党委政府倾向于将社区成员大会和协商议事会对日常事务进行的各项决定视为社区工作中的重点事务，但在多数情况下，居民更重视非常规事务。基层社区组织调解和处置的（不可预见的事务）是社区中现实的、紧迫的和积极有益的重要事项，诸如邻里间的矛盾纠纷、遛狗随地大小便、婆媳间矛盾纠纷、装修扰民、意外失火、打架斗殴、水电纠纷、小区污染治理问题、公共设施费用分担问题、老人突发疾病送医问题、家庭暴力问题等方面社区问题。

案例1：基层社区民主决策体制和决策程序

长堤社区第八次协商议事委员会全体会议。社区党支部书记兼协商议事会主任傅荣珍主持召开会议。会议议程如下：一、社区居委会主任代表社区居委会作《长堤社区2019年工作计划》的工作报告。二、委员会对报告进行审议。委员聂国儒说，“社区作为当前社会的一个新生事物，也是社会发展的一个主要方向。目前，社区的主要框架已经逐渐构建起来，也慢慢开始运作。如果社区不是单纯地停留在规模扩大上面或简单提供社区服务，而是强化社区发展自治，那么，明确社区具体拥有何种权利义务，如果应然的权力缺位，相关社区服务工作必然难以做好。目前，公安部门的社区民警进入社区，并建立了警务工作站，很大程度上转变了其工作的职能权责和方式方法，公安机关这种将‘群众路线’应用于具体社会治安治理的做法很值得提倡，其他党政机关群团部门也应当转变工作方式方法，面向基层社区。当前还存在另一问题就是政府机关进入社区之后，与居民委员会的相处模式，要有一个明确的规定，这一点是体现社区本质的。”王润英委员（区街两级人大代表、满春街环境卫生管理所所长）说：“我目前住在社区居委会大楼的对面，时常看到半夜还有工作人员在加班工作，十分辛苦。市场经济越发展，弱势群体都要依靠社区，社区想要发展好，需要切实解决群众困难，而有些困难很难解决，不是社区居民委员会能解决的，这需要政府行为到位，只有民警入驻社区是远远不够的。聂委员又说：“之前颁布了《居民委员会组织法》，现在应出台个社区法，对社区的总体架构进行规划布局，制定类似的法律法规，通过相关详细的、具体实践可行的、易操作的法律法规来明确界定社区居民委员会与政府机关组织部门、街道和基层社区党组织间的权利义务关系。”会上，8位委员分别发表了自己对于社区未来发展的想法并提出了相关意见。三、社区居委会主任龚崇明在会上提出相关的决议草案，会上大家共同表决并通过了《长堤社区2019年工作计划》。同时，他提出两点建议：“一是社区居委会今后可以提前将会议所需审议的相关报告文件送至社区四部门的每一位委员手上，让委员提前了解和熟悉报告内容；二是社区居委会要重点解决社区居民关心的要事大事，不能胡子眉毛一把抓，大事小事一手抓，假如社区居委会用一年的时间解决居民最为关心的一件大事，社区工作就卓有成效，就会在很大程度上得到居民的认可。”

案例7－1表明：基层社区的决策机制不同于政府机关的决策机制，是一种民主协商机制，不属于领导与被领导的制度，也不是命令和被命令的关系，其决策程序也简单明了、易操作，不是经过自上而下层层决策。虽然从区委区政府的相关文件可知：（社区党组织→社区居民代表大会→社区协商议事会→社区居民委员会）是一种自上而下垂直的组织结构，但社区的实际运作状况却与之不同：社区协商议事会的全体成员会议是社区党支部书记、协商议事会委员、社区居民委员会成员之间互相民主协商的机制，并形成了固定的运作机制。四者成为平等参与、协商的主体，通过面对面、点对点的协商沟通，消除彼此之间的分歧，进而达成共识，作出及时有效的决策。

为什么政府规定的垂直式权力关系结构在社区决策实践中不好执行呢？主要有以下几方面原因：（1）长期以来居委会就拥有决策权，不可能将居委会排除决策机制之外。（2）任何一个参与者都不愿意支付将居委会排除于决策机制之外所增加的决策成本，长堤社区协商议事会主任傅荣珍说：“社区协商议事会是居民自己的自治组织，是社区民主决策的有效机制，不应将居委会放在一边，居委会比我们更了解情况，应加入其中，可以互通信息，提高决策的科学性，如果居委会不参与决策，会增加不必要的麻烦，今后还要与居委会协商，费时，不科学。”（3）社区协商议事会成员来源于在职领导、退休干部、知名人士，他们与社区党支部书记、居委会主任不存在任何意义上的上下级关系，社区党支部书记和居委会主任不仅尊重他们而且期望依托其声望或人际关系协助解决社区问题，他们之间根本不可能按照垂直式权力关系来运作，在这一点上，社区党支部书记和居委会主任非常明智。政府组织为社区党支部书记输入的领导者角色与社区党支部书记的实际角色大相径庭。从深层次上讲，这是社区、国家分属两个不同功能领域的反映，社区内部成员之间是合作伙伴关系，而国家内部的政府组织之间是上下级关系；同时，它说明社区组织间关系模式不是政府设计的结果，而是社区组织彼此互动的结果，不是外在的而是内生的。

社区应实行“谁在场、谁决策、谁负责”的冲突程序和策略，来应对社区内部经常出现的难以预料的冲突事件。

我们借助对长堤社区处理非常规冲突事件的统计来分析社区主体之间的权力关系。

表 7－1　2019 年长堤社区组织处理突发性事件工作统计

类别	次数	类别	次数
检查消防设施	55 次	处理暴露垃圾	53 次
处理火灾隐患	21 次	处理污水、粪便处溢	54 次
检查和处理易燃物品	6 次	解决窨井盖被盗	13 次
疏通消除通道	6 次	解决路灯谁修	31 次
调解邻里纠纷	50 次	解决居民区停电	6 次
解决有线电视无信号	7 次	解决漏水与停水	13 次
合计	1450 次	合计	170 次

长堤社区突发性问题多的原因在于以下几个方面：第一，长堤社区禀赋的制约。长堤社区禀赋有“五多”“四大”。“五多”是指小巷多、破房多，市政设施老化多、小商贩多、低收入和低素质群

体多。“四大”指房屋建筑密度大、人口密度大、人口流动性大、商业网点密度大。[1] 第二，社区禀赋增加了各种负面情况出现的可能性。第三，制度缺陷。由于历史原因，社区存在公房与私房交错所引发的房屋产权问题，几家共住一套板壁房（即一间房间分成若干小房间）以及共用水电表也存在产权问题，这种制度缺陷无疑为“搭便车”行为的人提供了大量可乘之机，造成各种矛盾冲突。长堤社区居委会主任龚崇明说：“必须快速及时准确地处理居民在生活中所遇到的小问题，现实中很难通过开大会的方式借助民主协商的形式解决问题，社区工作人员必须活动工作于社区，不能坐在办公室里，发现情况必须快速处理。”

长堤社区由捐赠引起的突发事件时有发生，并且没有规制可遵循。这些问题是社区党支部和社区居委会直接面临的主要问题。处理这些问题必须具有及时响应、快速反应的能力。根据以往经验和行为惯例，要求社区主体进行及时交流沟通，迅速作出正确的判断，及时有效执行相关决策。否则，居民就会断定社区组织具有渎职和失职的行为。并且，社区在该年度的考评中，就将会给予相关责任人较低的评分和“不满意”的评价，有些人员甚至会被社区（成员）代表大会罢免。

社区组织之间的权力关系是一种面对面的民主谈判关系，而不是简单、纵向的从属关系。这源于社区公共事务与国家公共事务之间的根本区别，也植根于社区党支部和社区居委会之间长期协商、合作共事的历史传统，他们合作的行为实践也植根于社区居民对社区组织及其成员的“现场”评估机制（社区居民基于可见和有形的

---

[1] 长堤社区在 0.023 平方公里上有 168 家商业网点和手工作坊。

社区工作人员的实际表现，而不是基于其身份）。通过对上海康健社区结构和权力运作过程的实证调查，李友梅认为，健康社区的官方组织包括住宅党支部、居民委员会、业主委员会和物业管理公司。从相关的政府规定来看，住宅党支部和岗位上的“三驾马车”（社区居民委员会、业主委员会、物业公司）应该是一种“战略”关系。但是，在实际操作过程中，很难区分谁是合作伙伴，谁是协调人，谁是领导者，他们的权力状态不固定，行政“命令”单向服从关系模式在传统系统下是向双方之间“协调”关系的过渡。[1]

二、矛盾与冲突：利益的调适

在基层社区治理实践过程中，现实的矛盾纠纷通过借助各种关系来解决已成为基层社区组织良性循环至关重要的能力。因此，最大限度地提升这种能力的效用便成为社区主体的追求，在多地的调研中我们发现，社区中各主体良性关系的建立离不开社区中行动者的加入和参与，已经建立的相关关系总是带有自身原有结构的烙印，该结构具有类似规则的功能和作用，在实践中制约和规范社区主体的参与。因此，社区主体间关系建立的过程变异为社区活动的参与者为取得某种局面支配权所进行的“协商”或“交易”的过程。在“协商”或“交易”的过程中便隐含了彼此之间的“冲突”和“纠纷”。其间，我们将社区主体在调和问题过程中所使用的语言以及行为看作社区权力的作用。通过对社区主

[1] 李友梅．基层社区组织的实际生活方式——对上海康健社区实地调查的初步认识［J］．社会学研究，2002（4）：22

体使用的相关语言、行为的分析，我们可以进一步得出：社区主体解决问题的方法依赖于他们的联动资源以及他们借助这些资源来解决社区矛盾和纠纷的方式。同时，赢得社区成员的信任是一个社区进行管理和治理的重要前提。当然，社区工作人员如果居住在社区，社区居民就比区街组织更容易接近社区。而社区的各种功能也可以帮助社区做到这一点。除了社区环境卫生、社区公共安全、社区计划生育和社区社会保障工作外，调解调和工作也是其主要任务之一。

案例1：居民吴××认为邻居王××在公用的阳台上堆了许多杂物，让王××把东西搬走，但是王××不愿意。吴××找社区居委会主任龚崇明来评理。龚主任找到王××，王××说："看在你们的面子上，东西我可以搬走，但你要让她把狗笼子拆掉。"龚说："这样的话是可以的。"王××把东西搬走后，龚就对吴××说："他已经不占用地方了，你也把狗笼子拆了吧。"吴××也照办了。可是矛盾不是一次就能解决的。吴有时会骂王××是乡下人。有一天吴××到社区居委会，说王的儿子打了她还把自己家门砸坏了。社区龚主任和民调委员张幼润当时在社区居委会办公，就打110报了警。社区民警来了说，门砸坏了属于损坏财产，需要赔偿。警察问吴××门多贵，吴××回答400元。社区民事调解委员张幼润对王××的儿子说："打人犯法，你了不了解法？学没学法？你到底懂不懂法？如果你打死人，你现在就不在这里了，你就到监狱里去了。现在王××也是有责任的。两个人都有错。一扇门400块。你大错出大头，你出280块，她出120块。"社区主任龚崇明对王××的儿子和王××说：如果有不同意见当场可以直接提，这样解决，究竟行不行？"他们两人都心服口服，表示服从。社区干部解决纠纷就是这样，要公正公平，摆事实，讲道理。

在解决两家的纠纷时，社区居委会干部没有偏袒任何一方，真正做到了以理服人、公平公正。因此，任何事情都要从双方角度进行分析。用社区居委会龚主任的话说，就是“讲公平，摆道理，坚持底线思维，坚守原则”。这是社区工作人员进行纠纷化解的基本准则——首先我们自己要以身作则，给他人树立良好的形象，发挥榜样的示范作用。同时，要发挥规范的约束力，进一步要求矛盾纠纷双方遵守相关规范。要增强冲突双方对规则的认识，要求他们自觉接受规范、认同规范，进而遵守规范。在矛盾解决过程中，社区工作人员就坚持了公平公开、公事公办的原则。王××和吴××认同工作人员处理的方法方式，认为结果公平合理，所以接受工作人员最终对事情的处理结果；而王××也在这一原则的制约下同意了吴××的要求。除了坚持公平公开、合情合理原则外，社区工作人员还借助社区外部的力量加入协商，增强协商的权威性，从而通过说服教育使对方认识并承认自己的错误，最终及时而且有效化地解决了纠纷矛盾。

案例2：2018年5月6日中午，社区内的民族路扩建路面地基作业时，因施工人员施工大意，不慎损坏相邻民族路85－93号居民的房屋地基，有部分居民立刻向社区居委会反映，想通过居委会解决问题。因为施工单位答应的补偿没有落实，居民采取了“堵路”“围攻”“断电”“停水”等方式方法，使工地无法正常施工，引起直接冲突。

社区居委会付书记、龚主任和民调委员张××三人分析事情的来龙去脉后，于2018年5月28日下午召开议事协调会。会上，冲突双方分别详叙了矛盾产生的经过，进而提出了各自诉求。在多方调解配合下，冲突双方最终达成了和解协议：施工单位根据受损不同的程度进行赔偿，房屋地基损坏由施工方负责修理。通过各单位的努力和配合，冲突双方的矛盾纠纷得以合理解决。

这是一次社区工作人员及多方主体熟练运用相关规范、协议与当事人平等协商，并达成一致意见的成功案例。此案例中，社区居委会借助熟练掌握规范与协议的使用程式来形成最终冲突解决方案，此案例具备典型性。规则的实施需要冲突及调解各方的普遍接受，同时需要一个具有威信的规范代言人。社区居委会的干部便成功发挥了规范代言人的作用。他们参照先前对于类似冲突与争端的做法和标准，召集利益相关者，借用行政权力，并遵循规范性做法，使双方达成和解。在这种情况下，双方都知道规范的存在，但由于他们不能使另一方认识到他们在参考规制中的公正性，因此规制在他们之间无效。社区干部借助规范性处理方式，在处理冲突实践中保持相对中立的地位和立场，这样他们较为容易获得冲突双方的信任。最终冲突双方均认同社区干部所作出的建议，使得第三方能够引用规范来判定并约束双方的行为，从而使他们的话语得以进一步深化。可以看出，在这一过程中社区干部公正性是保证规范得以延续的关键。正是因为社区居民认识到社区干部能够公正公平地适用规制，并通过长期累积威信，纠纷双方才愿意接受调解。

在分析长堤社区民事调解委员会的工作机制时，不仅需要从纸质文本的表达着手，更要切实观察权力的实际运作过程。这可以帮助我们发现居民究竟如何理解并适应制度，以及如何借助规范来对自己的生活施加积极有益的影响——社区的规范性制度如何约束人们的行为选择，以及他们如何在众多行为选择中作出更能为大多数人所接受的行为，或者通过参与与他人的协商、谈判等活动对规范性制度进行更深化、更合理的解释，从而在众多选择方案中中作出一个更能够为大家接受的方案。因此，当我们在关注社区干部解决社区居民间矛盾纠纷的时候，应当注意到规范性制度、语言文字的约束，而且应当关注社区干部如何借助自己的语言特点和行为选择来影响他人的行为，并最终选择出符合多数居民利益的决策方案。

案例3：2018年5月26日晚9点40分，社区内的人和街89号1楼的精英头饰美化经营部因电线短路引发了一场火灾，社区居民在店里没人的情况下，破门而入，灭火救火。火警解除后，长堤社区干部携同社区特派员、社区民警等人数次重返现场做好善后工作。

由于火灾影响，89号2楼的两家住户地板损毁，家中部分财物也遭受损失。因此两家住户就对经营户提出补偿要求，在谈判过程中，双方语言过激，差点引发斗殴事件。参与现场调解的小组长陶××立即将相关情况向社区居委会报告，社区党支部书记、社区主任以及社区民事调解委员、社区民警、社区特派员得到消息立刻赶到现场，调解纠纷。社区干部让经营户细致描述火灾发生时的情况，并告诉他要相信社区会公平公正地解决这个问题。看着满头大汗、声音嘶哑的社区干部，双方当事人深受感动。最后双方根据协商内容签订了调解书，就房屋维修费、财产损失补偿等达成一致意见，完美解决了一场即将爆发的邻里纠纷之战。

资料分类有不同的方法：吉登斯将资源分为两类：配置资源和

权威资源。两类资源对应于行为者对物质对象和人力的控制。[1] 对于社区居委会来说，它们所掌握的资源非常有限，但社区干部熟悉社区居民的情况，掌握城市基层社会的规则，调动居民的能力是他们的优势。这种优势使他们在社区中更加活跃。如果探索这些资源的来源，我们将在社区中找到公平性。这种公正性来自社区干部树立的榜样，能真正满足居民的需求。社区干部不关心个人的得失，在解决居民问题时，努力维护社区的安定。此外，社区居委会多年积攒下的“亲和力”和“地域化”特点使社区各类自治主体免于被居民当作政府管理的代言人而产生负外部性，而且在扮演社区居民利益代言人的角色过程中天然消除了代表政府管理身份的街道组织所面临的障碍。

当然，社区调解委员会成功处置居民间矛盾与社区外部组织的多元互动密不可分。当前社区内外存在多样的组织和机构，各类组织和机构均有自己的特定服务群体和服务特色。为了最大限度地调和这些组织之间的利益矛盾，实现各方在社区中的融洽和平相处，他们必须通过某些方式或形式达成发展共识。从实际情况来看，如何最大限度满足社区居民的诉求，如何更好地服务居民就成为这一共识的公共部分。就党和国家而言，从“为人民服务”到“以人民为中心发展”——所有这些共识都得到了坚持和发挥。以此为出发点和落脚点的社区组织得到社区民众的支持和拥护，进而在社区站稳脚跟。市场经济的发展不断强化个体的逐利性，满足不同个体的利益需求就体现了社区组织“以人民为中心发展”的价值定位和发

[1] 李红专，李明，刘学文．唯物史观视域下的吉登斯社会类型理论［J］．云南师范大学学报（哲学社会科学版），2007（3）：54－59.

展理念。

三、沟通与合作：社区资源的共享路径

社区工作不仅包括邻里之间的矛盾纠纷，还包括其他问题，如环保环卫、社区公共安全、社区社会保障、社区公共服务和社区警务等。社区不能依靠自己的资源和员工的力量来解决这些问题，问题的解决还涉及其他机构，如街道和社区单位。这些机构可能会不时地根据区街党政的要求或自己的某些利益与社区居民发生某些矛盾。社区居委会作为居民代表与他们沟通。

案例1：2018 年 8 月，满春街道要在长堤社区扩建一门面房。这间房子产权属于街道，由街道办事处出租给租户卖早餐。房子只有 5 平方米。租户想要扩大面积，街道办事处也同意了，一是租户可以增加收入来源；二是店面的改造对社区居民出行影响不大。但是附近居民表示坚决不同意，说会影响人员来往，进出不方便。几家住户就偷偷把修好的墙推倒了。居民代表希望与街道办事处协商，但街道办事处对此置之不理，态度很差。随后居民将此事反映给居委会，居委会觉得街道办事处处理不当，就组织社区居民把租户建造的围墙推倒。第三次将墙体推倒后，街道办事处说，谁推的谁负责。社区干部回应说：商户私建围墙本来就属于违法占道，影响市容不说，还影响居民进出，必然要对违法现象予以纠正。因此街道办事处派专人来询问租户为什么不能有限度地扩建，社区干部对详细的情况以及各方意见予以说明，街道办事处工作人员回应说会向相关主管领导反映此事。后来社区党支部书记向主管扩建的街道办事处民政科长咨询扩建是不是违章。他说：是！书记说你说是就对

了，只要你承认是就行了。民政科长说，我们再商量商量，看怎么处理。之后就没有再扩建了。事后，居民都称赞社区干部有担当、有胆量、有魄力。社区党支部书记对居委会主任说，没其他意思，只是真理站在我们这一边而已。

因此，我们发现社区干部在与街道办事处打交道时所依赖的资源：基于他们行为的出发点是最大化社区居民的利益，他们能及时有效地动员社区居民，形成自己的权威，化解纠纷和矛盾；同时政府制定的规章制度作为制度性资源为居委会同街道办事处的沟通敞开了大门，提供了解决分歧的渠道。社区干部在这件事上坚持政府规定：不能在道路上建造非法围墙。他们坚持认为自己的行为是合规合章的——他们掌握了真相。通过这种方式，政府法规成为他们自己和居民行为合法性的来源。最后，街道民政科不得不采取强硬措施，并承认它不会采取违反政府规定的行为。但一切并非绝对有效，因为社区民众间的矛盾纠葛复杂，在不特定的场域下可能产生不同的反应。当拆除非法建筑物损害居民的利益时，社区干部将使用另一项原则规制。

案例 2：2018 年 10 月，街道要拆社区里的裁缝店和图书室。裁缝店是社区残疾人所有，图书室是社区下岗工人开的。每天放学后，家长没下班，学生们可以暂留在裁缝店写作业、读读书。裁缝店老板不仅手艺好而且人很好，因此裁缝店成为社区名副其实的“便民店”。所以，当街道来拆违建裁缝店房子的时候，社区党支部书记、社区居委会主任、副主任和 3 位居委会委员一起来到现场阻止强拆，后来街道出于社区的阻力就没有强拆。

通过此事，可以发现民众乃至社区干部对于规则的遵守乃至适用具有很强的灵活性和自由度。他们通过各种合理化的理由为自己的行为辩说，甚至施压。面对街道拆除裁缝店和图书馆房间这两处非法建筑物，社区干部难以再将政府的规范作为它存在的合法性来源，但他们以实际效果以及居民意愿作为其合法性的来源。此时，他们的理由足够充分，因为他们捍卫了广大居民的利益。只要有利于多数民众利益的充分实现，对于轻微的违反规范的行为，街道必然会便宜处理。如果为了拆除非法建筑物而与社区干部闹矛盾，社区干部以后还会听取他们的意见吗？还会很好去执行街道办事处的任务吗？此外，如果街道办事处与社区的关系陷入僵局，未来街道办事处需要社区完成的工作将很可能遇到很大困难。如果真的闹到区政府，负面效应会更大，进而降低上级对下级基层工作的评价，这些是街道办事处不希望看到的结果。社区干部正是看到了这种利益上的纠葛以及作为制约限制权力的评价机制，在处理与街道办事处的关系方面，才会借助规范和利益的力量与其周旋。

通过总结上述纠纷，可以看出社区干部一直是社区居民实际利益的代表。街道政府工作人员也接受他们的身份定位。这不仅表明，在解释社区居民的利益时，社区居委会作为基层群众自治组织，应然地独立于政府的管理力量之外；同时，也使得政府进一步意识到社区居委会在基层群众自治中的力量和地位，因此更加小心地处理两者之间的关系。当然，社区居民和街道政府在多数情况下还是和谐相处，共同为居民的利益服务。社区中很多重大事项需要社区内各主体力量予以协商、合作解决，特别是社区居委会和街道办事处之间的合作。

随着国家基层体制改革的深入和发展，以前以“单位”为中心的管理模式已经转变为以“社区”为中心的治理模式，大量的公共事务已经转移到社区，这使得社区居委会越来越多地影响着人们的生活。此外，长堤市社区居委会傅书记表示，为了改变以往社区居民对社区居委会不好的印象，社区居委会着力聚焦于解决社区居民所面临的实际问题，特别是社区老弱病残特困户。因此，熟悉社区中具有强烈吸引力的社区干部自然会成为政府部门所需要的合作伙伴。在一定程度上，社区居委会为了获取更多资源，势必要与政府部门进行密切的合作，如政策补贴、办公经费申请、工资补贴、困难户补贴、政府背景下社区居委会的信贷等。这些也促使社区居委会加强与政府部门的良性互动。这种互动是双向的，一方面，社区干部与街道密切联系，及时反映相关情况，进而希望可以得到更多资源；另一方面，社区干部通过建立自己的威信和正面形象，进而通过某些渠道提升自己和群众的诉求，影响政府部门的某些决策。

社区最低生活保障工作干事是区劳动保障部门的协作者，是以“条条”为主建立起来的，其职责是承担社区居民经济状况摸底、申报、资金发放等技术工作。其工资由区街共同支付，人由社区聘用，按照社区居委会的统一安排协作共事。人员的选择分两步，先是居委会推荐，然后协商确立最后人选，由社区聘用。在第一阶段，社区居委会会推荐那些素质高、热心肠的人。到了第二阶段，街道的影响就大了。在屠××（其丈夫是辖区一单位的负责人）是否成为最后人选的问题上，就遭到了社区工作人员的极力反对。社区居委会主任说：“提到她我头都大，平时不配合工作、刁难我们也就算了，还屡次拖后腿，我们想修个花坛，她联合几家人说影响出入。而且她说，老公不让她白干。”社区党支部书记也详细说明屠××不符合社区工作干事聘用的标准。因此，尽管屠××的丈夫是辖区社区单位的负责人，但是街道办事处还是接受了社区的建议。在社区与街道办事处合作的过程中，社区居委会干部所拥有的最大资源就是他们与居民的紧密联系和亲密关系。这种紧密联系一方面，使他们可以快速掌握第一手的信息资料。另一方面，从民众利益角度出发，使他们获得民众的信赖和拥护，社区居民往往在社区这个半熟人社会网络中，出于“面子”的考量，才积极完成安排的各项政治工作任务。社区能够与街道办事处合作正是基于此原因。社区干部掌握了社区独有的资源和信息才能够在政府部门的决策中施加积极有益的影响。

第八章　结语：社区中的政治与政治中的社区

在前面几个章节，笔者通过对长堤社区社区治理的历史脉络进行分析，并着力描述和分析了20世纪80年长堤社区治理中组织与权力的诸种现象，特别是叙说和阐释了2010年以来在城市社区制建设中长堤表现出来的独特的组织结构、权力网络与机制运作。在此，有三个基本问题是笔者想进一步探讨的：第一，20世纪80年代以来，随着社区制改革的深入，社区组织网络和权力秩序的变迁呈现出一个什么样的微观化态势和特征，社区权力的组织网络以怎样的方式形塑社区的基本结构，整个社区权力的控制方式因新的社区基本结构的构成而发生着怎样的变化以及未来社区权力秩序的发展趋向。第二，2010年以来，在城市社区制建设中，政府所扮演的角色，这种角色行为与社区之间产生了怎样的关系，这种新的关系需要什么样的政府功能定位，进一步对国家结构与社会结构之间的关系展开探讨。第三，在中国目前的城市社区空间里，既有的权力和组织的性质与职能并未廓清，法律规定与实际运作之间有很大的偏离；同时，不同性质的多元权力主体缘于规则的缺失而呈现一种混乱交织的状态，各个权力主体之间缺乏有效的沟通与协调渠道，缺乏联合与合作的机制。在此，从探讨多元权力主体关系的角度着眼，设计中国城市社区空间的未来发展图景，使社区内外多元权力主体相互协调形成合力，建立一种共强的模式，从而实现中国城市社区的稳定、和谐，实现城市社区民主自治。这也是未来中国民主发展的路径选择。

一、多维架构中的社区组织与权力网络

在长堤社区中，社区内组织有：政党组织，主要指社区党支部及党小组；半行政半自治组织，主要指社区居委会；社区社会组织，包括各类企事业单位组织和民营组织；政治性团体，指共青团、妇联组织；社会自治性组织，主要指社区成员代表大会及其日常代替机构社区协商议事会。

长堤社区单位由于单位制并未完全打破，在一些大的单位组织内部权力体系仍相对独立，只是随着 2012 年以来的社区制建设和单位制松动，才在资源共享的原则下参与到社区权力整合的过程中来。在长堤，共青团和妇联组织依附于社区居委会而存在，社区共青团附设于社区文教卫生工作委员会，社区妇联附设于社区妇女计生委员会，在社区尚未形成正式的组织网络，不过，由于其准政治性而具有“党政机关”特征，其拥有的权力也表现出政治权力的某些特征。因此，这些政治性团体“嵌入”社区党组织和社区居委会中而成为其网络的一部分。

党的网络主要由社区党支部和下属的三个党小组组成。它的正式目标是实现党对基层的领导，资源来自于党的权威和整个党的组织体系。2017 年 10 月 24 日，中国共产党第十九次全国代表大会通

过了关于《中国共产党章程（修正案）》的决议，其第五章第33条规定："街道、乡、镇党的基层委员会和村、社区党组织，领导本地区的工作和基层社会治理，支持和保证行政组织、经济组织和群众自治组织充分行使职权。"❶ 这是对城市社区党组织与社区自治组织之间权利关系的原则性规定。按照《中共中央国务院关于加强和完善城乡社区治理的意见》要求，"推动街道（乡镇）党（工）委和城乡社区党组织加强对社区社会组织各项工作的领导，确保社区社会组织全面贯彻落实党的路线方针政策和决策部署，沿着正确方向发展。推动建立城乡社区党组织与社区社会组织定期联系制度，组织和协调社区社会组织参与城乡社区共驻共建活动。"❷ 这是对城市社区党组织与社区社会组织之间权利关系的制度性规定。《民政部关于在全国推进城市社区建设的意见》中对社区党组织的职能作了具体界定："社区党组织是社区组织的领导核心，在街道党组织的领导下开展工作。其主要职责是：宣传贯彻党的路线、方针、政策和国家的法律法规，团结、组织党支部成员和居民群众完成本社区所担负的各项任务；支持和保证社区居民委员会依法自治，履行职责；加强党组织的自身建设，做好思想政治工作，发挥党员在社区建设中的先锋模范任务；支持和保证社区居民委员会依法自治，履行职责；加强党组织的自身建设，做好思想政治工作，发挥党员在社区建设中的先锋模范作用。"❸ 这样，社区党组织在社区治理中所扮演

❶ 中国共产党章程（修正案）单行本［M］. 北京：人民出版社. 2017：19.

❷ 民政部编写组. 中共中央国务院关于加强和完善城乡社区治理的意见辅导读本［M］. 北京：人民出版社，2018：18.

❸ 中共中央办公厅. 国务院办公厅关于转发《民政部关于在全国推进城市社区建设的意见》的通知［J］. 社区，2001（58）：60.

的角色就变得十分引人注目。一方面，社区党组织作为政权力量在城市基层社区的体现，它对社区治理可直接介入。另一方面，借助社区治理的党政合一体制，党组织对社区公共事务的参与更为直接也更为根本，与基层民主的发展也更为息息相关。

长堤的党政合一体制包括两个层面，一是体制层面，一是功能层面。从体制层面来看，主要是通过党政系统人员交叉任职来实现。这一交叉任职的关键之处并不在于党支部本身，而在于党支部由此可以通过组织关系而指导社区居委会的工作，从而为党组织参与社区治理提供了合法性和制度基础。从功能层面来看，党政合一体制体现为社区党支部与社区居委会功能的交叉重叠。从前面已描述的社区党支部主要职责与社区居委会的主要职责来看，两者在功能上不仅是兼容的，基层党组织负有宣传党的规章制度和优良作风、密切联系群众等作用。这些作用不是形式上的，而是给社区居委会的功能履行划定了范围，从而使党组织的治理功能与社区居委会的治理功能相衔接。除党组织自身的一些组织活动外，支部委员会的工作基本上同社区居委会是同一的。

党政合一尽管在体制上确保了党支部和社区居委会两者功能的兼容性，但实际上，两者之间的协调关系比以权力为基础的指令性关系更为重要，这也反映了社区治理的基本特征，协商的方式已经将权力关系融入社区治理中去了。社区党组织参与社区治理通过三条途径：一是参与对社区公共事务的决策权；二是直接执行社区公共事务管理；三是动员社区党员参与社区公共事务。显然，社区党组织的作用是双重的，第一，社区党组织是衔接基层政权组织和社区自治之间的一个中间环节。一方面，社区党组织作为街道党工委的分支机构，应当贯彻执行上级党组织的指示和意志；另一方面，社区党组织又要体现党组织在社会中的作用和角色。它不再像政权组织中对于其他组织具有直接的领导作用，而是产生于社区之中，汇聚社区居民的利益，向政府和上级党组织反映社情民意，并采取各种办法帮助居民解决问题。这是社区党组织所具有政治性的一面。第二，社区党组织还有其社会性的一面。它通过在社区居民中直接的社会动员组织工作和思想政治教育工作凝聚群众，获得民心民意，通过自身所代表的主导意识形态和核心价值观及理想理念信仰体现其在社区中的地位，而非直接的政治权力（行政化性质的）。正是这种双重属性决定了社区党组织成为推动各类社区社会组织自治能力提高的内在动能，从而构成社区多元网络结构中的一环。

这种社区党组织的重要作用及其党政合一体制机制决定了社区党组织在社区中的领导地位主要是政治领导，具体是指社区基层党组织通过与社区居委会平等协商，双方共同协商介入到社区公共事务的处理和服务之中，将政治和自治融合，共同保证社区在制度和规则的轨道上良性运转并弘扬社会公德和核心价值观。

社区居委会组织网络系统主要由横向的社区居民委员会和社区各工作委员会以及居民小组和楼长、居民通信员组成。其正式任务是宣传现有的法律法规，为群众解释当前政策和有关法律，教育群众遵法守法、维护自身合法权益，开展精神文明建设；协助民政等有关部门开展公益活动和公益事业；调解邻里家庭矛盾纠纷；协助有关政府部门开展促进就业、促进人民增收，帮扶困难、低收入家庭；及时收集群众意见并及时反馈、答复。根据这些规定，长堤社区的组织网络符合规范。现有委员会的主要职责包括：一是调解民事纠纷。社区居民委员会成立民事调解委员会，主要对居民之间的纠纷进行调解，尽量把纠纷控制在民间调解的范围内，而不必诉诸法律。二是维持社区治安。社区居委会的治安工作主要是配合社区民警、社区司法特派员打击社区内的犯罪活动，维持社区秩序。三是维护社区卫生环境，对聘用的环卫工作人员进行指导监督，定期进行卫生工作检查，搞好社区环境卫生。四是培育社区文化，增强居民的社区意识。五是开展民政服务。主要是承担优抚、拥军优属、社会救济补助及开展社区服务等一系列具有社会保障性质的功能。六是开展妇女工作，抓好计划生育。

社区居委会主任在居委会中居于核心地位，其主要职责是：负责社区居委会全面的日常工作，认真贯彻落实党的路线、方针、政策和上级指示，充分发挥网格员的作用，按照“四治”原则构建和谐而健康的社区氛围。从社区居委会主任的既定职责分析，居委会的职责与社区党支部职责是兼容的，在社区治理中，社区居委会接受社区党支部的指导，而社区党支部也因此而得以直接参与社区治理。

社区居委会在横向和纵向上进行明确分工。横向上的分工主要体现在职能上的分工，社区各工作委员会主任对自己所承担的条线功能独立负责。纵向上的分工主要是按照管辖空间分工。涉及社区治理的事务，根据事件的性质，由负责此条线工作的委员会主任与社区书记、主任以及社区民警、司法特派员一同前往处理，从而体现条和块的结合。社区居委会下面存在两个次级组织：一是社区聘用人员，包括社区公共安全保卫巡逻队和社区干事，即计划生育工作干事、最低生活保障工作干事和外来人口工作干事；二是居民小组，每一个居民小组配备一名组长。组长是社区居委会与居民之间沟通联系的中介，其主要职责在于社区需要居民参与的重大事务，都由组长挨家逐户通知居民参加。他们与社区居委会之间并不存在严格的上下级关系，相反在体制上，组长与社区居委会之间存在一种权力循环关系，因为由组长组成的社区成员代表大会选举产生社区居委会成员。这种奇妙的权力循环不能简单地视为制度设计的错漏，更可能反映了社区治理某种不同于政府行政的特征，其中人情关系比科层制的权力等级关系更为根本。

协商议事会作为一种新型的组织，能将社区党支部、社区居民委员会、社区社会组织和社区居民有效地整合起来。协商议事会遵循的是一种“协商”原则，协商议事会成员也能运用各自的资源、能力和影响力将协商结果付诸实施，因此，协商议事会作为在社区党支部领导下的自治性组织，形成了支持社区公共权威的非正式权力网络；同时，协商议事会也作为有效整合各类社区资源推进社区制建设的机制而存在，各种社区治理与社区组织被吸收进协商议事会构建的权力秩序与组织网络中，并依据其对社区公共事务的贡献大小，确定其在该网络结构中的角色与地位。

这样，社区组织架构形成了一个由社区党组织、社区决策和议事组织、社区执行组织、社区社会组织以及准政治性团体构成的多维权力架构，这种社区权力的多维组织网络构成社区的基本结构。这种基本结构决定社区权力控制方式以协调为主。从这个意义上，我们可以看到未来城市社区权力将是多维组织网络的并存。

二、政府与社区：两种力量的整合

从长堤的个案我们可以看到，1949 年以来，由于建设的需要，城市基层社会逐渐走向体制化。中华人民共和国成立初期，城市政府的中心任务就是巩固和建设新生政权。在废除了保甲制的情形下，新生的人民政权，特别是基层政权面临的主要问题是如何加强同广大居民群众的联系，吸收他们参加城市管理和城市建设，镇压阶级敌人的反抗、防止阶级敌人的破坏和捣乱，尽快恢复国民经济，医治战争的创伤，巩固新生的人民民主专政的国家政权等。居民委员会就是在这样的历史条件和背景下应运而生的，国家政权的组织建设基本上延伸到社会的最基层。1954 年 12 月，第一届全国人大常委会第四次会议根据 1954 年《宪法》的相关精神，制定并通过了《城市居民委员会组织条例》，第一次以法律形式宣布居民委员会是“群众自治性的居民组织”。确立了我国城市基层民主政治制度的运作原则，为实现从传统宗法社会向现代民主法治社会的转型奠定了基础，就是要以国家权威，在基层建设一个民主法治的市民社会。但是居委会的法律地位未能得到很好地维持，随着国家权力在城市基层社会基本到位，政府开始在居委会所在的辖区内开展大规模的社区空间建设，建设的物质资源主要来自于政府行政资源的统一分配，人力资源主要来自于居委会动员居民义务劳动，在行政力量的支配下，人们通过社区新空间的建设以社区为单位获得了整合。1958 年，伴随“大跃进”和“人民公社化运动”的兴起，呈现出“强国家，弱社会”模式，政府越来越多地插手居委会事务，社区权力日渐萎缩，主要任务是大办工业和商业。这一国家与社区的高度融合模式最终导致单位制格局的形成。“文革”时期，“革命居委会”的成立标志着它被赋予了政府基层政权机关的权力，社区被改造成为国家一份子而执行国家功能。

1998 年，居委会重新恢复。但这时中国的城市社会结构发生了巨大的变化。

（1）单位制放松，企业和单位的大部分社会功能逐渐转移到社区，“单位人”已经转变为“社区人”。随着市场经济的发展和制度的变迁，单位制逐渐松散和瓦解。越来越多的单位开始改变企业经营社会，学校管理社会和机构的情况。由于失去集中管理、拥有和分配经济和社会资源的权力，越来越多的上级单位开始在市场经济中“断绝”下属单位。

（2）重心向下移动，功能扩展，交易收集。在计划经济时代，政府和企事业单位承担了大量的城市管理职能。大量社会事务向下移动，聚集在社区，社区已成为新的载体。

（3）没有附加到单位的单位数量正在增加。大量自营职业者、私营企业家、失业人员和失业人员加入了“非单位所有人”。这些居民的行为控制、思想教育、社会保障和行政管理只能依靠社区组织。

（4）人口老龄化愈发严重，数量众多的已退休老人虽然有单位，但难以进行有效管理，其中有相当一部分原有单位早已不复存在了。

（5）外来人口的导入和激增。城市基础设施的大规模建设和城市转型以及第三产业的发展，吸引了大量的农民工。人口的急剧增加不可避免地导致城市的法律和秩序、健康和环境出现问题。

随着国家经济体制改革形成的市场化“非单位型”社会正在改变传统中国对微观主体的管理模式。这使得国家难以借助由国家所控制的单位力量将个体纳入到国家宏观体制系统内，从而将社会结构国有化。因此，政府需要进行改革，培育社区，通过社区组织把独立但分散的社会成员聚集起来，整合和调动社会各类资源，重建传统的“单位制”社会。由此产生20世纪90年代以来社区制导向的城市社区建设，这一社区制建设不但促进了社区组织和权力的重组，而且还导致了社区权力的分化。整合后的政府组织、党、社区辖区单位、社区内组织构成新的多维权力结构。

2010年以来，在新的社区治理结构中，政府组织起着引导和协调作用，同社区组织一起处于社区公共事务治理的中心枢纽位置。这种作用主要表现为以下几点。

（1）建设社区。管理公共事务，解决公共问题，这是政府最基本的职能之一，但无论是从当代中国正在进行的机构改革，还是从当代世界范围内公共管理社会的基本发展趋势来看，城市基层管理任务的加大显然不能依靠不断地扩大政府机构去解决，而且，由于历史的原因，城市社区不可能在较短的时间内接纳和履行好全部的社会职能。所以，在社区之外其他力量不足以或难以顾及社区制建设的情况下，掌握最充分资源的政府无论是从自身改革还是从整个经济和社会改革来看，都必须积极创造条件并引导城市社区制建设。

（2）加强社区公共服务。在建设社区制过程中，培养社区成员的认同感、归属感和向心力，引导社区成员自觉自愿参与社区治理和社区系统建设。这需要加强社区公共服务，了解社区成员的诉求，并提供有效的社区公共服务，以满足社区成员不断日益增长的现实物质和文化需求。不断日益增长的需求使社区成员能够充分享受社区公共服务提供的各种社会保障和社区福利后，自然而然地增强其对社区的归属感和认同感，能够主动参与到社区的公共事务中来。

（3）鼓励社区参与。社区建设是借助社区这一自治平台，提供高质量的公共服务，整合社区组织的各方各种利益，有效反映和表达社区成员的意见、建议和诉求，激发社区成员的踊跃参与热情，开发和利用社区的各种资源。

（4）重组社区组织。为了充分开发和利用社区各种资源并鼓励社区居民的参与，需要重新建构社区的组织体系，重释社区成员的定义与定位，并为社区的不同主体（如自然人、民间组织和法律实体）开放不同的渠道。

（5）加强社区设计与社区规划。在城市社区治理过程中，政府的理性社区规划，首先，要制定法律，运用法律来保护和规范社区治理日常活动，实现有序有效地政治参与。其次，制定政策法规，通过科学民主的政策营造社区治理的良好生态。良好的社区环境能够促进社区组织健康有序发展。最后，加强教育培训，使街道政府和社区工作成员能够快速有效地适应社区制建设的新发展新要求和新制度环境。

虽然政府培养和指导社区，但它也必须“自我革命”。一是权力下放。在传统体制下，治理社区的权力集聚在市区政府和“准政府”街道组织，权力分配是单极的。当政府培养社区和社区组织时，它需要将其原始权力的一部分委托给社区，以便使社区成为该地区的主要治理机构。二是改变功能。一方面，政府必须权力下放；另一方面，它必须改变其职能，重建权威的基础。政府的职能应从管理导向转向公共服务导向，转变政府工作重点，提供有效的公共产品和公共服务给社区，在此过程中治理社区，引导社区有序高效快速发展。三是改变领导方式方法，区街政府不再以行政命令的方式方法对社区组织发号施令，而要依照法律法规支持和科学民主指导依法管理事务。

通过上述的详细分析，从长堤社区治理运作的实践实际看，政府与社区构成整个社区治理过程中的两大不可或缺的结构性力量，其表现为三重关系：一是区街政府对于社区的职责关系；二是政府对社区的指导、引导和帮助；三是政府对社区发展的支持和扶持。这种三重关系提倡社区组织与政府合作，共同治理城市。当然社区同政府部门的合作关系是在基层民主日臻完善、权力受到制约和监督、社区民众“主人翁”意识日益强化的基础上展开的。要实现社区组织与政府治理的有机有效合作，必须重新构造政府与社区的良好关系。

其一，权力边界清晰，结构分离分化。社区权力主体的多元化，必须划定各自的权限权责。否则，要么是复归于权力配置的单一性和单极性，要么出现权力主体之间矛盾的冲突化。对于政府治理来说，要避免行政性扩张，利用超越社会之上的政治行政权力侵害和随意干预日益增长的社区权力。对于社区治理来说，也不能将政府治理挡在社区之外，因为社区的职能范围和权力是有限的，依据《宪法》和《居民委员会组织法》的规定，社区主要是管理其自治范围内的事务。

其二，分工职责明晰，功能分离分化。在实际社区治理过程中，政府与社区应形成一种“伙伴合作关系”，政府和社区属于不同特质、不同层级的组织，各自负有特定的责任、不同的治理理念和方法，所发挥的效能自然也存在差别，因而应该依据各自组织的性质进行明晰的分工，同时又进行有机有效的合作。政府负有管理和服务职能，因此在某些方面置于社会之上，拥有政治统治力、国家强制力和行政组织力，主要是治理社区难以管理好的各类公共事务，社区组织是社区的细胞，存在于社会之中，能及时了解社区成员的诉求和具体利益并依靠政治民主动员和开发社区内各种资源，主要是向政府反映和表达社区成员的意见、建议和诉求。

其三，协同合作治理，关系模糊化。由于城市社区既是自我管理、自我服务、自我监督的自治体，又是政府行政管理的对象，这就决定了政府治理的公共事务和社区自治事务可能同时发生，并需要政府和社区共同协同处理。所以，在分工明晰化的同时，政府管理与社区治理的关系又具有模糊化的特点，即有的公共事务主要由政府承担，有的事务主要由社区自己承担，有的则由政府和社区两者共同承担。

其四，良性互动互助，过程法治化。政府与社区的合作协同治理是相互交合、相互融合的过程。基础是稳定、明确、共同认可的法治规范，即制度性合作。“一方面，社会中分散的利益按照功能分化的原则组织起来，有序地参与到政策形成的过程中去；另一方面，从这种制度化参与机制中，国家权力获得了稳定的支持来源（合法性）和控制权。”[1] 只有政府依法行政，社区依法治理，才能实现“善治”。

三、城市社区民主：面对未来的选择

通过以上分析，随着社区治理过程中多元主体的参与，社区中各方力量得到丰富和发展，社区已逐步演变为一个公共治理空间，这个以地域划分的居民公共生活空间范围已然形成，通过国家基层社会自治化、组织化的方式，利用相关法律规定将原有的单位制政治体制转变为社区制的组织管理体制，然后社区内部的多元主体依据法律法规制定自己的发展战略，并借机拓宽自己的生存和活动空间。继而多元主体在社区这个场域中产生“冲突”与“合作”、社区秩序得以重构，从而构建一个新型的互动互助领域。这个形成空间的基本符号和动力系统是社区和社区制度。

由于社区中多维网络空间的存在，因此，必然产生多元化治理

[1] 张静．法团主义［M］．北京：中国社会科学出版社，1998：7.

主体。虽然区政府与街道办凭借政治、组织、管理职能在社区中占有一定优势，但难以形成支配性、压倒性优势。在一定程度上政府内部的各部门存在相当的权力制约关系。社区权力的共同扩大扩展和整合还将为网络中的社区组织提供更多的权力增长点和再生点。与此同时，我们可以看出，这个领域仍然存在大量非正式网络组织。它们仍然对社区权力体系产生一定程度的制约影响。通过网络化或非网络化的组织管理形式共同对社区这一新型公共事物进行治理。无论采取何种治理方式，其运作的基础从来不是完全的科层式、由上到下的管理方式，而是相向运动、水平运作的过程。此时，国家权力与社会力量彼此渗透融合。因此，社区的建构为重新确立国家基层政权的合法性，同时为实现基层民主提供了一个良好的时机和空间。

随着中国民主化进程的发展，改革开放以来，如何更充分地实现社会的民主化成为我国建设的重要目标。但是，1978 年之前，受政治形势、经济水平、意识形态等因素的影响，民主国家的建设之路可以说异常艰辛，从整体来看，在那个阶段，基层民主进程基本没有发展。之后，随着民主化和市场化成为国家建设的重要目标，经济市场化与政治民主化的关联性、互交性和社会主义的核心价值观诉求决定了在建成社会主义市场经济、推动经济高质量发展的过程中，必须密切关注政治现代化和政治民主化。无论是价值理性还是工具理性，政治民主化不仅表现为维护政治制度的合法性，而且表现在政治资源的发展上。同时，它也作为一种新型的社会治理模式，即从计划经济时代的自上而下的管控模式到自下而上的民主化治理模式。

学界和政界在推进中国政治民主化进程与国家治理能力和治理

体系现代化之间的逻辑联系方面没有太大争议。但对如何能够快捷高效实现民主化却看法不一。最大的争议即：政治民主化路径是从中央向地方推进还是从地方向中央推进。前者是将发挥中国共产党的核心领导地位作为推动的核心力量，并认为中国的政治民主化进程应该始于中国共产党党内的政治民主化进程，从党内民主的角度推动建立民主制度和完善中国共产党的内部政治生态；后者认为，我国的民主政治构建应该从最基层的社会出发，通过在基层社区推行民主制度等实践方式培养社区居民养成良好的民主习惯和民主意识，进而形成我国民主的群众基础，使整个国家的政治生活步入民主的轨道。从另一个层面讲，中国的经济现状一定程度上决定了民主政治的现状，民主政治的建构需要以较高的经济发展水平作为前提。它不是可以肆意设计和建构的。正如邓小平所说：政治民主化和国家现代化必须一步一步推进。[1] 同时，在中国古代高度集权的历史传统基础上构建民主政治并不容易，需要打破各种观念上的阻力。由此，我们明白了，在民主化的道路选择上，既要对国家整体的民主政治架构进行建设，又需从底层营造良好的民主政治生态，其中基层民主的建设具有更为深远的意义和影响。

笔者认为基层民主建设具有更为深远的意义和影响，其原因在于40多年的改革开放、中国特色社会主义市场经济基本建立，中国无论从经济还是政治建设方面都已然形成程式性的内生建构模式，即以经济建设为中心作为首要驱动力，通过政治文明、文化文明、

---

[1] 邓小平．邓小平文选［M］．北京：人民出版社，1994：168－169；林尚立．党与社区：中国政治发展的新生长点［J］．现代领导，2001（3）；林尚立．社区：中国政治建设的战略性空间［J］．毛泽东邓小平理论研究，2002（2）．

生态文明等多位一体，从而全面促进我国社会主义政治民主建设，形成多方互动、全面发展的建构模式。因此，如何将这种多驾马车并驾齐驱的发展模式转化为政治民主化的发展动力，是至关重要的。在此背景下，基层政治民主化建设无疑具有先天优势，它可以促使民众积极且直接地参与政治生活、维护自身权益。市场经济上的微小变化都会在基层通过民众的意见得到反映，进而反哺我国的社会主义市场经济建设，也使得民众得到一个合理的诉求上升通道，缓和社会矛盾。另外，基层民众参与基层公共事务的积极性也需要借助民主意识的培养而得以提升。政治生活中最重要的参与者之一是具有合法参与权的公民。公民良好的民主意识、民主能力、民主参与感是基层民主构建的前提，也是维系社会主义民主政治的重要保证。后现代化国家的民主的发展同样依赖于全社会基层民主的拓展，同时也是出于对国家民主发展大局的战略考量。基层民主的发展对于基层社会治理和“国家—社会”良性二元互动格局的形成具有重要意义，因此，中国的民主政治建设必须从战略高度把握基层民主的建设和发展。

基层民主政治的建设对我国实现民主化和现代化是不可或缺的一环，对于中国民主化的发展进程来说，社区民主发展的价值主要体现在三个方面。

首先，社区民主的发展为整个国家民主增长提供了政治民主化的基础和空间。民主是人类发展的基本要求。然而，从中国现代化进程中考量，民主作为“德先生”是向西方文明学习的结果。经过百年来的实践证明，仅仅将民主引入我国是远远不够的，因为民主本质上是公民参与社会主义民主政治生活的重要前提。因此，中国民主政治的建构之关键不是引入，而是建构中国本土化的民主意识和民主理念。城市社区无疑是培养基层民众民主意识的最佳场域。一方面，社区是社会构成的最小单位，类似于生物构成的“细胞”，它可以开展长期、稳定、有序的基层民主实践；另一方面，社区的快速发展同样助力民主的发展，多样主体的介入以及多样事务的产生为民主实践提供了良好的平台和空间，这是由社区发展产生的“溢出效应”。

其次，政治民主建设需要培养基层民众的权利意识。基层民众并非天然地具有参与民主政治的天性，居民有序地参与民主政治生活是需要后天培养和习得的。任何富有活力的民主社会均需要具有民主参与意识的合格公民的广泛参与和支持。就民主而言，“如果公民和领导人大力支持民主的概念、价值和实践，那么稳定民主的前景将更加光明。”[1] 对于正在努力推进国家治理能力和体系及政治民主化发展的中国而言，社区民主政治的研究和民主实践发展及合格公民的培育不仅关系到国家的正常政治生活，也关系到国家治理体系现代化和国家民主政治建设的社会基础和发展过程。[2] 在社会民主化构建的过程中，基层社会中培养大批具有民主意识和行动能力的民众无疑具有重要作用。

最后，政治参与需要依靠基层社区民主的发展。扩大基层民主和民众参与程度是国家治理现代化的必然趋势。保障民众能够积极有效地参与政治生活是民主建设的基础性工作。因为一旦真正的政治制度无法有效地适应不断扩大的政治参与，政治制度和整个政治

---

[1] ［美］罗伯特·达尔．论民主［M］．北京：商务印书馆，1999：165.

[2] 孙中山．孙中山选集［M］．北京：人民出版社，1956：339－419.

生活就会陷入危机之中。[1] 这将损害民主建设和发展的基础。从另一侧面看，在民众参与方式多样化的进程中，社区的民主政治生活是整个政治生活的基础。因此，无论是在国家民主政治发展的进程中还是在相对成熟稳定的民主政治条件下，基层社会必须成为人民政治参与的有效空间。对于今天的中国国家治理能力和治理体系现代化及民主政治建设和发展来说，这个基层民主的发展具有全球化的意义和价值，这也是党不遗余力推进基层民主的要旨所在。[2]

四、社区民众：在国家与社会之间

社区在民众民主政治发展和国家治理现代化中发挥什么作用？政治学领域引进纯粹社会学概念在很大程度上不单单是研究者的好奇心，因为在其学术领域内出现了太多相类似的现象，进而引起了学者的广泛关注。没有它，就难以将抽象的政治学理论具体化，就无法验证当前政策决策的正确性，从而无法解释社会中政治决策的效用问题，进而难以推动政治科学研究向纵深推进。

心理学研究表明，发生在身边的事和关系自己切身利益的事是人们首先关心的重要事项。个人→亲属→朋友→同事→家庭→单位→社区→地域→国家，关心程度正在逐步递减。社区中发生的事情与社区居民往往有密切的关系。社区作为一个相对固定的场域维持着人们的居住、娱乐、交流等活动。作为重要的生活空间具有一

---

❶ ［美］塞缪尔·P. 亨廷顿．变化社会中的政治秩序［M］．王冠华，等，译．北京：华夏出版社，1988：32－59.

❷ 林商立．社区民主与治理：案例研究［M］．北京：社会科学文献出版社，2003：323.

定的公共性和相对私密性，民众必然关注社区所发生的公共事务，并积极参与公共事务的决策，为自己营造良好的生活环境。社区内的民主决策程序和机制一方面可以提升民众参与基层民主决策的能力，另一方面可以提高民众参与民主决策的积极性和主动性。

当代社会人口的流动性越来越大，区域迁移和临时迁移的机会越来越多，坚持封闭自守的生活状态的民众越来越少。但是，外出民众无法拥有一个相对稳定的家，因为无论他去哪里，他也是没有根的浮萍。社会学家经常说，没有社会人们便不可能存在和生存。也就是说人们不可能脱离社区。在这里，人们可以切实参与社区内的公共事务，他们也可以通过参与社区民主决策来影响国家的政治。因此，社区政治必须有两个价值观：一个是管辖范围内的政治完美；二是对国家政治的影响。[1]

社区治理越来越受到人们的关注，并在基层社会现实中发挥了重要作用。现代科学技术的快速发展，知识网络的不断更新，大数据与人工智能的应用，交通设施的日益完善，民众素养的显著提高，已经成为社区重要的力量。民众不仅没有放弃社区，反而更多地依附社区。社区民主政治的参与必须依赖于社区场域内每个个体的参与。随着现代基层民主的发展和国家治理的现代化，社区作为社区居民民主政治活动最基本的地位将变得越来越重要。社区政治研究不仅是一个简单的概念介绍，也是一个政治科学的基本领域。

政治学研究进入更深层次带来的是理论上的高度概括和明了简洁以及研究领域的多元化和离散化。就其价值体系而言，在国家社会中，没有民主政治权力，人民就不可能存在；没有人民，民主政

[1] 王振海．社区政治论［M］．太原：山西人民出版社，2003：62.

治权力也不可能存在。两者之间有强烈的相互依赖性。与此同时，人民与国家政权之间始终存在着一定的矛盾。民主政治权力向任何一方过于发展往往容易导致双向灾难。在社区中，如果政治组织过于强大，一切皆由其把控，它将不可避免地导致社区组织和社区权力的萎缩甚至消失，并给政治组织带来过度扩张、信仰转向以及声望下降的负面影响。如果社区的力量太强大，政治组织的影响力和权力无法渗透，也会给社会带来多重灾难。此外，城市社会结构的复杂性、多样性、多元性和某种程度上的脆弱性是农村社会无法比拟的。与基于土地、风俗和血缘之间自然联系的农村社区相比，城市社区人为设计更加得多。城市社区一旦被摧毁，再要想建立起来社区社会结构几乎是不可能的，它不像农村社区那样能自然而然逐渐恢复。事实上，国家结构功能的强弱只会影响社会结构的功能，国家不能完全避免自己受其他因素的影响。因此，即使在所谓的“完全控制系统”长期的浸透下，仍然可能发生大规模的社会变革和社会革命，最终可能导致国家权力的变迁甚至国家的动荡。

通过对历史上实践运动的研究，笔者意识到社区的民主政治建构问题是中国学术界的薄弱环节，社区问题并未引起广泛关注。有人甚至说当代中国没有真正意义上的社区，中国人从思想上并未真正具有公民意识，众多小区居民基本没有想过借助社区资源或社区社会组织的力量维护自身权益。因此，培养民众的参与意识、主人翁意识，引入多方社会组织力量，促进多元社区力量的横向水平涌动，才是社区政治民主化的重要构成部分。

社区是基层社会民主自治的试验场。城市中每个民众都生活在一个特定的社区中，社区是民众的基本归属（家庭之外），然后是整个国家。在相对发达的社区，人们不仅可以获得相对完善的公共基础设施，还可以提出自己的意见和观点，参与社区公共事务的决策，保护自己的合法权益。从宏观和微观意义上来看，社区个体民主权利、社区多元社会组织的民主、单元民主、网格民主和以社区为单位的民主，这些主体民主权力（权利）的行使和保障都是社区民主建设的应有之义。社区民主是社会民主的具体体现，是政治实践的平台，是国家政治民主的基石。总之，“人们必须恢复他在社会中的至高无上地位”。❶

❶ ［美］埃利希·弗罗姆．健全的社会［M］．欧阳谦，译．北京：中国文联出版公司，1988：372.

参考文献

一、中文部分

（一）著作及资料汇编

[1] 马克思恩格斯选集（第1—4卷）[G]. 北京：人民出版社，1995.

[2] 毛泽东选集（第5卷）[G]. 北京：人民出版社，1996.

[3] 邓小平文选（第2—3卷）[G]. 北京：人民出版社，1994.

[4] 习近平. 决胜全面建成小康社会夺取新时代中国特色社会主义伟大胜利——在中国共产党第十九次全国代表大会上的报告 [M]. 北京：人民出版社，2017.

[5] 十九大报告辅导读本 [M]. 北京：人民出版社，2017.

[6] 叶裕民. 中国城市化之路 [M]. 北京：商务印书馆，2001.

[7] 陈东琪. 新政府干预论 [M]. 北京：首都经济贸易大学出版社，2000.

[8] 张丽曼. 从全能政府到效能政府 [M]. 长春：吉林人民出版社，2000.

[9] 郑也夫. 城市社会学 [M]. 北京：中国城市出版社，2002.

[10] 张钟汝，章友德，等，编著. 城市社会学 [M]. 上海：上海大学出版社，2001.

[11] 徐永祥. 社区发展论 [M]. 上海：华东理工大学出版社，2000.

[12] 施德容. 跨世纪的中国民政事业（1994—2002）（上海卷）[M]. 北京：中国社会出版社，2002.

［13］孙立平．转型与断裂：改革以来中国社会结构的变迁［M］．北京：清华大学出版社，2004.

［14］上海社会科学院经济研究所城市经济组．上海棚户区的变迁［M］．上海：上海人民出版社，1962.

［15］田毅鹏，漆思．“单位社会的终结”：东北老工业基地“典型单位体制”背景下的社区建设［M］．北京：社会科学文献出版社，2005.

［16］桑玉成．利益分化的政治时代［M］．上海：学林出版社，2002.

［17］唐忠新．社区服务思路与方法［M］．北京：机械工业出版社，2005.

［18］唐娟．城市社区业主委员会发展研究［M］．重庆：重庆出版社，2005.

［19］汪大海．世界范围内的社区发展［M］．北京：中国社会出版社，2004.

［20］王邦佐．居委会与社区治理：城市社区居民委员会组织研究［M］．上海：上海人民出版社，2003.

［21］王剑敏．城市社区政治发展［M］．北京：社会科学文献出版社，2006.

［22］杨念群，主编．空间·记忆·社会转型［M］．上海：上海人民出版社，2001.

［23］张静．法团主义［M］．北京：中国社会科学出版社，1998.

［24］陈宝良．中国的社与会［M］．杭州：浙江人民出版社，1996.

［25］中国第二历史档案馆．国民党政府政治制度档案史料选编（下册）［M］．合肥：安徽教育出版社，1994.

［26］刘宋斌．中国共产党对大城市的接管（1945—1952）［M］．北京：北京图书馆出版社，1997.

［27］曹沛霖．政府与市场［M］．杭州：浙江人民出版社，1998.

［28］李晨，主编．中华人民共和国实录（第2卷（上））［M］．长春：吉林人民出版社，1994.

［29］丁元竹．社区研究的理论与方法［M］．北京：北京大学出版社，1995.

［30］费孝通，主编．社会变迁与现代化国际学术研讨会论文集［M］．上海：

上海大学出版社，2002.

[31] 董建辉．政治人类学［M］．福建：厦门大学出版社，1999.

[32] 邹谠．二十世纪中国政治：从宏观历史与微观行动的角度看［M］．牛津大学出版社，1994.

[33] 管欧．地方自治概要［M］．台北：台湾三民书店，1993.

[34] 徐中振，主编．社区发展与现代文明［M］．上海：上海远东出版社，1996.

[35] 侯玉兰，侯亚非，主编．国外社区发展的理论与实践［M］．北京：中国经济出版社，1998.

[36] 王敬尧．参与式治理：中国社区建设实证研究［M］．北京：中国社会科学出版社，2006.

[37] 王名，刘培峰．民间组织通论［M］．北京：时事出版社，2004.

[38] 王青山，刘继同．中国社区建设模式研究［M］．北京：中国社会科学出版社，2004.

[39] 吴忠泽．发达国家非政府组织管理制度［M］．北京：时事出版社，2001.

[40] 常铁威．新社区论［M］．北京：中国社会出版社，2005.

[41] 夏学密．社区照顾的理论、政策和实践［M］．北京：北京大学出版社，1996.

[42] 谢玲丽．上海社团管理的实践与思考［M］．上海：上海远东出版社，2002.

[43] 徐中振，卢汉龙，马伊里．社区发展与现代文明［M］．上海：上海远东出版社，1996.

[44] 徐中振，李友梅．生活家园与社会共同体：“康乐工程”与上海社区实践模式个案研究［M］．上海：上海大学出版社，2003.

[45] 王剑敏．城市社区政治发展［M］．北京：社会科学文献出版社，2006.

[46] 王振海．民众·权力·国家［M］．北京：中国广播电视出版社，1994.

[47] 王振海，王存慧，主编．新视角下的政治：关于社区政治发展的专题报告［M］．北京：中国社会科学出版社，1995.
[48] 俞可平．治理与善治［M］．北京：社会科学文献出版社，2000.
[49] 卢少华，徐万珉．权力社会学［M］．哈尔滨：黑龙江人民出版社，1998.
[50] 袁方．中国社会结构转型［M］．北京：中国社会出版社，1998.
[51] 邓正来．国家与社会：中国市民社会研究［M］．成都：四川人民出版社，1997.
[52] 雷洁琼，主编．转型中的城市基层社区组织：北京市基层社区组织与社区发展研究［M］．北京：北京大学出版社，2001.
[53] 吴亦民．现代社区工作［M］．上海：上海人民出版社，2003.
[54] 方明，王颖，著．观察社会的视角：社区新论［M］．北京：知识出版社，1991.
[55] 郑杭生．转型中的中国社会和中国社会的转型［M］．北京：首都师范大学出版社，1997.
[56] 康晓光．权力的转移：转型时期中国权力格局的变迁［M］．杭州：浙江人民出版社，1999.
[57] 李秀琴，王金华．当代中国基层政权建设［M］．北京：中国社会出版社，1995.
[58] 唐忠新．中国城市社区建设概论［M］．天津：天津人民出版社，2000.
[59] 皮明庥，吴勇．汉口五百年：新编汉口丛谈［M］．武汉：湖北教育出版社，1999.
[60] 林尚立．社区民主与治理：案例研究［M］．北京：社会科学文献出版社，2003.
[61] 徐勇，陈伟东，等，著．中国城市社区自治［M］．武汉：武汉出版社，2002.
[62] 王振海，主编．社区政治论［M］．太原：山西人民出版社，2003.

[63] 王邦佐，等，编著．居委会与社区治理［M］．上海：上海人民出版社，2003.
[64] 魏娜．社区组织与社区发展［M］．北京：红旗出版社，2003.
[65] 陈伟东．社区自治：自组织网络与制度设置［M］．北京：中国社会科学出版社，2004.
[66] 蔡宏进．社区原理［M］．台北：三民书局，1994.
[67] 徐震．社区发展：方法与研究［M］．台北：中国文化大学出版社，1985.
[68] 唐学斌．社区组织与社区发展［M］．台北：台北市社区发展学会，1989.
[69] 黎熙元，何肇发，主编．现代社区概论［M］．广州：中山大学出版社，1999.
[70] 顾朝林．中国城市地理［M］．北京：商务印书馆，1999.
[71] 柴彦威．城市空间［M］．北京：社会科学出版社，2000.
[72] 李路路，李汉林．中国的单位组织：资源、权力与交换［M］．杭州：浙江人民出版社，2000.
[73] 杨晓民，周冀虎．中国单位制度［M］．中国经济出版社，1999.
[74] 刘建军．单位中国［M］．天津：天津人民出版社，2000.
[75] 雷升．离开单位［M］．广州：南方日报出版社，2002.
[76] 张静．利益组织化单位：企业职代会案例研究［M］．北京：中国社会科学出版社，2001.
[77] 李友梅．组织社会学［M］．上海：上海大学出版社，2001.
[78] 戴星翼，何惠琴．社区发育与社会生活［M］．上海：上海大学出版社，2000.
[79] 边燕杰，主编．市场转型与社会分层：美国社会学者分析中国［M］．北京：生活·读书·新知三联书店，2002.
[80] 刘军宁，等，编．市场逻辑与国家观念［M］．北京：生活·读书·新知三联书店，1995.

［81］周镇宏，何翔舟．政府成本论［M］．北京：人民出版社，2001.
［82］胡忠明，主编．现代城市街道管理［M］．广州：广东人民出版社，1998.
［83］陈舜．权力及其维护：一种交易成本观点［M］．北京；中国政法大学出版社，1999.
［84］中国社会科学杂志社编．民主的再思考［M］．北京：社会科学文献出版社，2000.
［85］莫泰基．公民参与：社会政策的基石［M］．香港：中华书局，1995.
［86］郑也夫．信任论［M］．北京：中国广播电视出版社，2001.
［87］周文建，宁丰．城市社区建设概论［M］．北京：中国社会出版社，2001.
［88］纪晓岚．论城市本质［M］．北京：中国社会科学出版社，2002.
［89］李惠滨，杨雪冬．社会资本与社会发展［M］．北京：社会科学文献出版社，2000.
［90］［英］J. C. 亚历山大，编．国家与市民社会：一种社会理论的研究途径［M］．邓正来，译．北京：中央编译出版社，2000.
［91］孙立平．从市场转型到社区转型［M］．组织与体制：上海社区发展理论研讨会会议资料汇编2000年（上海．2002年4月12—13日），24.
［92］政协武汉市委员会文史学习委员会．武汉文史资料文库（第6卷）（社会民俗）［M］．武汉：武汉出版社，1999.
［93］林尚立，马伊里，等，编著．社区组织与居委会建设：上海浦东新区研究报告［M］．上海：上海大学出版社，2000.
［94］顾骏，等，著．社区调解与社会稳定：上海卢湾区五里桥街道研究报告［M］．上海：上海大学出版社，2000.
［95］徐中振，主编．上海社区发展报告（1996—2000年）［M］．上海：上海大学出版社，2000.
［96］上海市社区发展研究会组编．上海市社区发展研究报告丛书［M］．上海：上海大学出版社，2000.

[97] 上海市社会科学界联合会，上海市民政局，上海市社区发展研究会．上海社区发展报告（1996—2000）[M]．上海：上海大学出版社，2000.

[98] 李凡，主编．中国基层民主发展报告（2000—2001）[M]．上海：东方出版社，2002.

[99] 武汉市民政局．基层政权建设法规文件汇编 [G]．内部资料.

[100] 武汉市江汉区满春街社区建设领导小组．武汉市江汉区满春街社区建设资料汇编 [G]．内部资料.

[101] 武汉市江汉区满春街办事处地方志编纂工作领导小组．满春街地方志 [G]．内部资料.

[102] 湖北省民政厅．湖北省社区建设资料汇编 [G]．内部材料.

[103] 中共北京市东城区东直门街道工委．东直门街道社区建设文件资料 [G]．内部资料.

[104] 武汉市民政局．武汉市社区建设资料汇编（一）、（二）[G]．内部资料.

[105] [美] 罗伯特·达尔．论民主 [M]．李柏光，等，译．北京：商务印书馆，1999.

[106] [美] F.J. 古德诺．政治与行政 [M]．王元，译．北京：华夏出版社，1987.

[107] [美] 埃利诺·奥斯特罗姆，帕克斯，惠特克．公共服务的制度建构：都市警察服务的制度结构 [M]．宋全喜，等，译．上海：上海三联书店，2000.

[108] [美] 戴维·澳斯本，彼得·普拉斯特里克．摒弃官僚制：政府再造的五项战略 [M]．谭功荣，等，译．北京：中国人民大学出版社，2002.

[109] [澳] 欧文·E. 休斯．公共管理导论（第2版）中文版 [M]．北京：中国人民大学出版社，2001.

[110] [美] 海尔·G. 瑞尼．理解和管理公共组织（第2版）[M]．王孙禺，达飞，译．北京：清华大学出版社，2002.

[111] [美] 迈克尔·麦金尼斯，主编. 多中心治道与发展 [M]. 王文章，等，译. 上海：上海三联书店，2002.

[112] [荷] 汉斯·范登·德尔，本·范·韦尔瑟芬. 民主与福利经济学 [M]. 陈刚，沈华珊，等，译. 北京：中国社会科学出版社，1999.

[113] [英] 安东尼·吉登斯. 第三条道路：社会民主主义的复兴 [M]. 郑戈，译. 北京：北京大学出版社，2000.

[114] [美] 曼瑟尔·奥尔森. 集体行动的逻辑 [M]. 陈郁，等，译. 上海：上海人民出版社，1995.

[115] [日] 青木昌彦. 比较制度分析 [M]. 周黎安，译. 上海：上海远东出版社，2001.

[116] [美] 丹尼斯·C. 缪勒. 公共选择理论 [M]. 杨春学，等，译. 北京：中国社会科学出版社，1999.

[117] [美] 罗伯特·D. 帕特南. 使民主运转起来 [M]. 王列，等，译. 南昌：江西人民出版社，2001.

[118] [德] 柯武钢，史漫飞. 制度经济学：社会秩序与公共政策 [M]. 韩朝华，译. 北京：商务印书馆，2000.

[119] [美] 曼库尔·奥尔森. 国家兴衰探源 [M]. 吕应中，等，译. 北京：商务印书馆，1999.

[120] [美] 华尔德. 共产主义社会的新传统主义 [M]. 香港：天津大学出版社，1996.

[121] [英] 安东尼·吉登斯. 民族：国家与暴力 [M]. 北京：生活·读书·新知三联书店，1998.

[122] [美] V. 奥斯特洛姆，D. 菲尼，H. 皮希特. 制度分析与发展的反思：问题与抉择 [M]. 王诚，等，译. 北京：商务印书馆，2001.

[123] [德] F. 藤尼斯. 共同体与社会 [M]. 林荣远，译. 北京：商务印书馆，1999.

[124] [美] R. E. 帕克，等，著. 城市社会学 [M]. 宋俊岭，等，译. 北京：华夏出版社，1987.

[125] [美] R. S. 林德夫妇，米德尔敦. 当代美国文化研究 [M]. 李银河，译. 北京：商务印书馆，1999.

[126] [美] I. T. 桑德斯. 社区论 [M]. 徐震，译. 台北黎明文化事业公司，1982.

[127] [美] D. C 诺斯. 制度·制度变迁与经济绩效 [M]. 上海：上海三联书店，1994.

[128] [美] 李普塞特. 政治人（中文版）[M]. 北京：商务印书馆，1993

[129] [法] M. 迪韦尔热. 政治社会学：政治学要素 [M]. 杨祖功，王大东，译. 北京：华夏出版社，1987.

[130] [英] 罗素. 权力论 [M]. 靳建国，译. 北京：东方出版社，1988.

[131] [美] 加尔布雷思. 权力的分析 [M]. 陶远华，苏世军，译. 石家庄：河北人民出版社，1988.

[132] [美] 罗伯特·丹哈特. 公共组织理论 [M]. 北京：华夏出版社，2002.

[133] [美] 詹姆斯·W. 西瑟. 自由民主与政治学 [M]. 上海：上海人民出版社，1998.

[134] [美] B. 盖伊·彼得斯. 政府未来的治理模式 [M]. 吴爱民，夏宏图，译. 北京：中国人民大学出版社，2001.

[135] [美] 费正清，罗德里克·麦克法夸尔，主编. 剑桥中华人民共和国史（1949—1965）、（1966—1982）[M]. 上海：上海人民出版社，1990，1992.

[136] [美] 莫里斯·迈斯纳. 毛泽东的中国及后毛泽东的中国——人民共和国史 [M]. 成都：四川人民出版社，1989.

[137] [美] V. 奥斯特罗姆，等，编. 制度分析与发展的反思 [M]. 北京：商务印书馆，1992.

[138]［美］埃莉诺·奥斯特罗姆．公共事务的治理之道［M］．上海：上海三联书店，2000.

[139]［美］巴林顿·摩尔．民主与专制的社会起源［M］．北京：华夏出版社．，1987.

[140]［美］柯文．在中国发现历史：中国中心观在美国的兴起［M］．北京：中华书局，2002.

[141]［美］帕森斯．现代社会结构与过程［M］．北京：光明日报出版社，1999.

[142]［美］塞缪尔·亨廷顿．变革社会中的政治秩序［M］．北京：华夏出版社，1988.

[143]［英］安东尼·吉登斯．社会的构成［M］．北京：生活·读书·新知三联书店，1998.

[144]［美］黄宗智，主编．中国研究的范式问题讨论［M］．北京：社会科学文献出版社，2003.

（二）论文

[1] 丁超．全能主义架构中的城市社区与单位［J］．中国方域，2001（3）.

[2] 陈伟东．武汉市江汉区社区建设目标模式、特点及可行性［J］．城市发展研究，2001（1）.

[3] 陈伟东．政府与社区：共生、互补、双赢［J］．华中师范大学学报，2001（3）.

[4] 李雪萍，陈伟东．近年来中国城市社区民主发展报告［R］//中国基层民主发展报告（2000—2001）．北京：东方出版社，2002.

[5] 卢汉龙．发展社区与发展民主：我国基层社会的组织重建［J］．中国社区建设·北京社会科学，1999.

[6] 徐勇．论城市社区建设中的社区居民自治［J］．华中师范大学学报，2001（3）.

[7] 林尚立．党与社区：中国政治发展的新生长点［J］．现代领导，2001.

[8] 路风．单位：一种特殊的社会组织形式［J］．中国社会科学，1989（1）.

[9] 项飚，宋秀卿．社区建设与我国城市社会的重建［J］．社会学研究，1998（4）.

[10] 马西恒．社区建设：理论的分立与实践的贯通［J］．浙江社会科学，2001（11）

[11] 朱健刚．国家 权力与街区空间：当代中国街区权力研究导论（上）（下）［J］．中国社会科学季刊，1999（26）.

[12] 路风．中国单位体制的起源和形成［J］．中国社会科学季刊，1993（5）.

[13] 夏建中．现代西方城市社区研究的主要理论与方法［J］．社会学，2000（8）.

[14] 姜芃．社区在西方：历史、理论与现状［J］．社会学，2000（5）.

[15] 孙立平．总体性社会：对改革前中国社会结构的概要分析［J］．社会学研究，1999（4）.

[16] 孙立平，等．改革以来中国社会结构的变迁［J］．中国社会科学，1994（2）.

[17] 周雪光．西方社会学关于中国组织与制度变迁研究状况述评［J］．社会学研究，1999（4）.

[18] 康晓光．权力的转移：1978 年—1998 年中国权力格局的变迁［J］．中国社会科学季刊，2000 夏季号.

[19] 石之瑜．权力概念研究方法：资源、需要、关系、论述及整合［J］．中国社会科学季刊，2000 冬季号.

[20] 李路路，等．中国的单位现象和体制改革［J］．中国社会科学季刊，1994（6）.

[21] 董少平．乡村治安治理中的组织与权力［D］．武汉：中南财经政法大学学报，2014.

二、英文部分

[1] CANS H J. The Urban Villagers [M]. New York: Free Press, 1962.

[2] KASARDA, J D and JANOWITZ M. Community Attachment in Mass Society [J]. American Sociological Review, 1974, Vol. 39, 328 – 339.

[3] STACEY M. The Myth of Community Studies [J]. British Journal of Sociology, 1969, Vol. 20, 134 – 146.

[4] WELLMAN B and LEIGHTON B. Networks, Neighourhoods and Communities [J]. Urban Affairs Quarterly, 1979, Vol. 14, 363 – 390.

[5] WIRTH L. Urbanism as a Way of Life [M]. Pall Hatt & Albertiss, Jr. (eds.), Cities and Society, New York: Free Press, 1938.

[6] ROSS M and LAPPIN B W. Community Organization: Theory, Principles and Practice [M]. New York: Harper and Row, 1967.

[7] ROTH J. An Analysis of Goals and Roles in Community Orgaization Practice [J]. Social Work, 1964, Vol. 9 (2).

[8] UN. Social Progress Through Community Development [M]. New York: UN, 1995.

[9] ROTHMAN J and TROPMAN J E. Models of Community Organization and Macro Practice Perspectives: Their Mixing and Phasing [J]. 1987, 3 – 26.

[10] JANOWITZ MORRIS. The community Press in an Urban Setting. Chicago [M]. The University Chicago Press, 1967.

[11] JAMES A. CHRISTENSON and JERRY W. ROBINSON, Jr. ed Community Development in Perspective [M]. Iowa State University Press, Ames, 1989.

[12] BATLEY R. Cooperation with Private and Community Organization : the Institutional Framework of Urban Management [G]. Working Paper No. 6, Birmingham: the University of Birmingham, 1992.

[13] DAVIS, DEBORAH S. et al. ed. Urban Spaces in Contem horary Chilina the

Potential for Autonomy and Community in Post - Mao China [M]. New York: Cambridge University Press, 1995.

[14] GOUGH KRISTINA. Emerging Civil Sosociety in China An Over ALL Assessment of Conditions and Possibilities Available to Civil Society and Its Organizations to Act in China [M]. Published by Sida, 2004.

[15] HAUS MICHAEL, HEINELT HUBERT, STEWART MURRAY . Urban Governance and Democracy: Leadership and Community Involvement [M] . London, New York: Taylor 8 Francis Routledge, 2005.

[16] PAUL HENDERSON & DAVID N. THOMAS. Skills in Neighbourhood Work (3rd edition) [M]. London: Routledge, 2002.

[17] ROBERT RHYNE, RICHARD BOGUE, GARY KUKULKA. Hugh Fulmer Community - oriented Primary Care. Health Care for the 21st Public Health Association Century [M]. New York: American Publication, 1998.

[18] A Study of Urban Neighborhoods and Community Capacity Building The Nelson A. Rocke feller Institute of Government [M]. State University of New York, 1997.

[19] DAVID MICHAEL SIMPSON. Building Neighborhood and Local Emergency Capability: The Role of Community - based Disaster Preparedness Programs (disseration) [M]. University of California at Berkeley, 1996.

[20] H. GIBBS KNOTTS. Social Capital and Community Deuelopment Corporations: Vehicles for Neighborhood Inuestment (disseration) [J]. Community Development Journal, 2005.

[21] CAPLOW T. and FOREMAN, R. Neighborhood Interaction in a Homogeneous Community [J]. American Sociological Review , 1950, Vol. 15, 357 - 366.

[22] CONNERLY C. E. The Community Question: an Extention of Wellman and Leighton [J]. Urban Affairs Quarterly, 1985, Vol. 20, 537 - 556.

[23] DAVIS H. (ed). The Future: Role and Organization of Local Government [M]. Birming: The University Birmingham, 1986.

[24] ELKIN S. L. Twentieth Century Urban Regimes [J]. Journal of Urban Affairs, 1985, Vol. 7, 11 –28.

[25] EVERITT J. C. Community and Propinquity in a City [J]. Annals, As Socialtion of American Geographers, 1976, Vol. 66, 104 –116.

[26] HERBERT D. T. and RAINE J. W. Defining Communities within Urban Areas [J]. Town Palanning Review, 1976, Vol. 47, 325 –338.

[27] SMITH M. P. (ed). Power, Community and the City : Comparative Urban and Community Research [J]. New Brunswick: Transaction, Inc, 1988, Vol. 1.

[28] STACEY, M. The Myth of Community Studies [J]. British Journal of Sociology, 1969, Vol. 20, 134 –146.